저자 | 노현명

초판인쇄 2015년 11월 25일
2판 2쇄 2024년 08월 01일

지은이 노현명
펴낸이 임승빈
펴낸곳 ECK북스
출판사 등록번호 제 2020-000303호
출판사 등록일자 2000. 2. 15
주소 서울시 마포구 창전로2길 27 [04098]
대표전화 02-733-9950 | **이메일** eck@eckedu.com

제작총괄 염경용
편집책임 정유항, 김하진 | **편집진행** 송영정
마케팅 이서빈, 최혜인 | **디자인** 다원기획 | **인쇄** 신우 인쇄

* ECK북스는 (주)이씨케이교육의 도서출판 브랜드로, 외국어 교재를 전문으로 출판합니다.
* 이 책의 모든 내용, 디자인, 이미지 및 구성의 저작권은 ECK북스에 있습니다.
* 출판사와 저자의 사전 허가 없이 이 책의 일부 또는 전부를 복제, 전재, 발췌하면 법적 제재를 받을 수 있습니다.
* 잘못된 책은 구입하신 서점에서 교환해 드립니다.

ISBN 979-11-6877-016-4
          978-89-92281-31-7 (세트)
정가 16,000원

ECK교육 | 세상의 모든 언어를 담다
기업출강 · 전화외국어 · 비대면교육 · 온라인강좌 · 교재출판 · 통번역센터 · 평가센터

ECK교육   www.eckedu.com
ECK온라인강좌   www.eckonline.kr
ECK북스   www.eckbook.com

유튜브   www.youtube.com/@eck7687
네이버 블로그   blog.naver.com/eckedu
페이스북   www.facebook.com/ECKedu.main
인스타그램   @eck__official

The 바른 ESPAÑOL 스페인어 첫걸음

저자 | 노현명

저자의 말

스페인과 중남미 국가들은 지리적으로는 우리나라에서 멀리 떨어져 있지만, 그들의 언어는 이미 우리에게 가깝게 다가와 있었습니다. 보고 듣고도 그냥 지나쳤던 Casamia(까사미아), DIOS(디오스), Espero(에스뻬로) 등의 브랜드명들... K-pop 노래에 흘러나오는 Uno(우노), Dos(도스), Tres(뜨레쓰), Cuatro(꾸아뜨로)...
이 모든 단어들이 스페인어였다는 사실을 알고 계신가요?
이렇듯 스페인어는 우리에게 이미 친숙한 외국어로 자리잡고 있었던 것입니다.

스페인어 공부를 결심한 초보 학습자들에게 이러한 사실은 충분한 동기부여가 될 수 있을 것입니다.

또한 최근 각종 매스컴에서 스페인, 중남미 여행 관련 프로그램들이 방영되고, 이러한 프로그램들이 인기를 얻기 시작하면서, 많은 분들이 스페인, 중남미 여행을 위한 필수 요건으로 '스페인어 학습'을 시작하시기도 합니다.

단순한 호기심이든 필요에 의해서든 스페인어 학습을 시작하셨다는 자체만으로도 이미 더 넓은 세상으로의 진출이라 말하고 싶습니다.

영어만으로 스펙을 뽐내기 어려운 요즘, 제 2외국어 학습을 고려하신다면 자신 있게 "스페인어를 배우세요!"라고 말하겠습니다. 스페인어 강사이기 이전에 여러분보다 스페인어 학습을 먼저 시작한 선배로서 스페인어라는 언어를 통해 더 큰 세상을 접할 수 있었던 제 경험에서 우러나온 말입니다.

세계 최고의 관광대국이라 손꼽히는 스페인, 무한한 인적 자원과 물적 자원이 공존하는 중남미, 그리고 4천만에 달하는 히스패닉 인구가 살고 있는 미국 등 스페인어 학습을 통해 우리가 뻗어나갈 수 있는 세계 무대는 정말 무궁무진합니다.

이러한 기회를 놓치지 않고자 스페인어 학습을 시작하신 분들을 위해 수업을 통한 현장에서의 경험들을 최대한 반영하여, 스페인어 학습에 있어 가장 필요한 내용들을 가능한 쉽게 설명해 드려야한다는 부분에 초점을 맞추어 교재를 집필하였습니다.

학습 중에 지루하지 않았으면 하는 마음에 스페인, 중남미와 관련된 이런저런 읽을거리도 함께 담아보았습니다. 그 나라의 언어를 학습할 때, 문화를 이해하면 언어 학습 효과가 배가될 수도 있겠다고 생각했기 때문입니다.

아무쪼록 'The 바른 스페인어 첫걸음'을 선택하신 여러분들께 본 교재가 정말 실속 있고 알찬 스페인어 교재로 기억되길 바랍니다.

교재 출판의 기회를 주신 ECK 교육의 임승빈 실장님께 먼저 감사하다는 말씀을 꼭 전하고 싶습니다. 실장님 말씀대로 교재를 집필하면서 저 또한 정말 많은 것들을 배웠고, 스페인어 강사로서의 입지를 굳히게 된 것 같습니다. 다시 한 번 감사합니다.

본 교재를 출판하기까지 많은 우여곡절이 있었지만, 함께 잘 이겨내고, 제가 포기하고 싶을 때마다 힘내라고 용기를 북돋아 주신 송영정 차장님, 그리고 끝까지 함께 하지 못했지만 많은 조언을 해주신 이수영 과장님, 수많은 NG에도 불구하고 웃으며 동영상 강의 촬영에 힘써주신 양진우 과장님, 하나래 매니저님, 교재 완성을 누구보다 기뻐하며 흔쾌히 감수에 응해준 미녀 강사 유수진 선생님, 이 모든 분들께도 감사의 인사 전합니다.

앞으로도 각계각층의 다양한 학습자들께 도움이 되는 스페인어 학습 도우미의 자세로 여러분들을 만나도록 하겠습니다.

노 현 명

이 책의 구성과 특징

예비과

스페인어 알파벳, 발음, 강세, 문장부호, 명사의 성과 수 등 스페인어를 공부하기 전에 꼭 알아야 하는 필수 기초사항들을 정리했습니다. 본학습을 시작하기 전에 반드시 숙지해 주세요.

본학습 1~20과

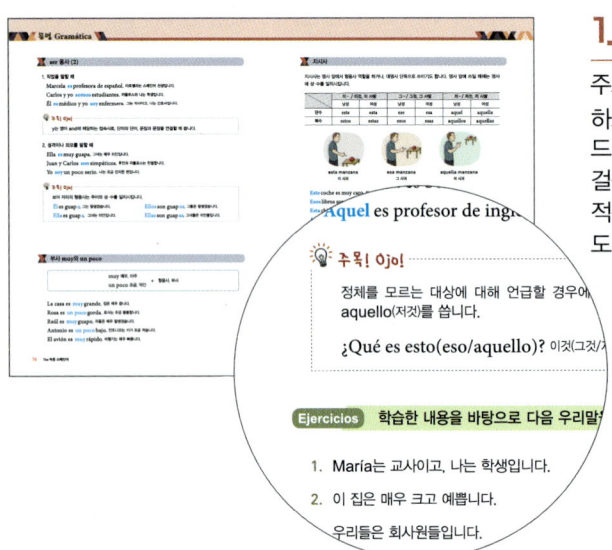

1. 문법

주요 문법사항들을 설명합니다. 이해를 돕기 위해 풍부하고 다양한 예문을 실었습니다. **주목! Ojo!** 에서는 반드시 주의해야 하는 사항이나 해당 문법 사항에서 한 걸음 더 나아간 내용을 소개합니다. 배운 문법 사항을 적용해 간단히 말하기 연습을 해 볼 수 있는 연습문제도 제공합니다.

2. 회화

문법에서 다룬 내용을 바탕으로 한 대화문을 소개합니다. 실생활에서 활용할 수 있는 실용적인 표현으로 구성하였으며, 유용한 표현들을 따로 정리하여 효과적으로 학습할 수 있도록 했습니다. 원어민의 발음을 직접 듣고 따라 읽는 연습을 할 수 있도록 mp3 파일을 제공합니다. 대화문은 두 번 들려드리며, 처음에는 한 번에 이어서 듣고, 두 번째는 따라 읽는 연습을 할 수 있도록 구성했습니다.

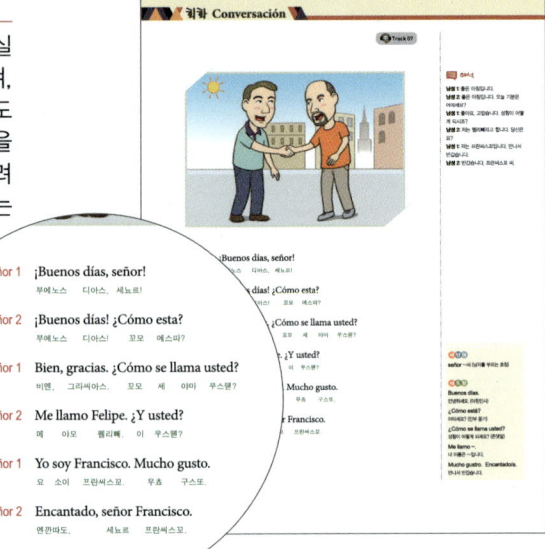

3. 추가어휘

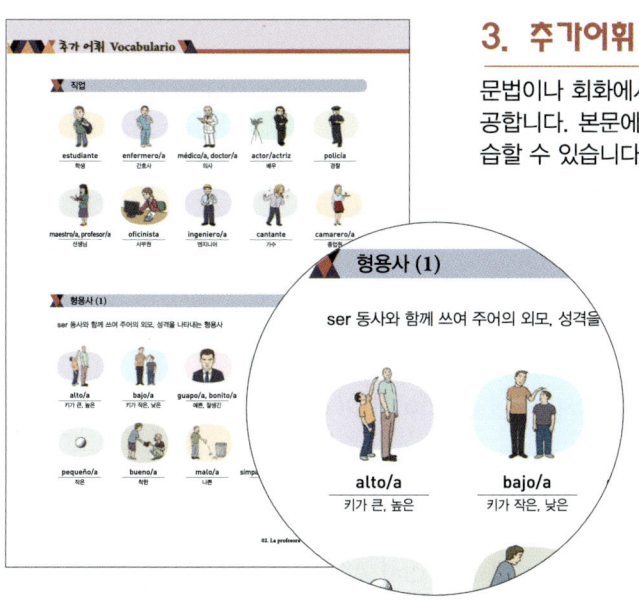

문법이나 회화에서 다룬 주제와 관련된 어휘를 추가로 제공합니다. 본문에서 미처 다루지 못한 다양한 어휘를 학습할 수 있습니다.

4. 연습문제

각 과의 학습내용을 얼마나 잘 이해했는지 문제를 풀며 확인할 수 있습니다. 문법에서 다룬 내용을 읽고 쓰는 문제는 물론, 듣기 능력을 점검해 볼 수 있는 듣기 문제도 제공합니다. 문제별로 mp3 파일을 제공하여 쉽고 편하게 문제를 반복해서 듣고 확인할 수 있습니다.

5. 문화

스페인어권 나라들의 다양한 문화를 소개합니다. 언어를 공부할 때, 그 언어권의 문화를 아는 것은 또 다른 재미일 것입니다. 매 과의 학습이 끝나면 가볍게 읽으며 문화를 이해할 수 있는 폭을 넓혀 보세요.

목차

저자의 말 ·· 4
이 책의 구성과 특징 ··· 6
내용 구성표 ··· 10

예비과 ·· 13

Capítulo 01　Mucho gusto. 만나서 반갑습니다. ··· 27
Capítulo 02　La profesora de español es muy buena.
　　　　　　스페인어 선생님은 매우 좋은 분입니다. ··································· 35
Capítulo 03　Estoy un poco cansado hoy. 나는 오늘 조금 피곤합니다. ········ 43
Capítulo 04　¿Dónde está el centro comercial ABC? ABC 쇼핑몰이 어디에 있나요? ··· 51
Capítulo 05　Hoy es el cumpleaños de mi madre. 오늘은 제 어머니 생신입니다. ······· 59
Capítulo 06　Nosotros estudiamos español. 우리는 스페인어를 공부합니다. ········· 67
Capítulo 07　Queremos ver una película. 우리는 영화를 한 편 보고 싶습니다. ······· 75
Capítulo 08　¿Podemos preparar la presentación juntos?
　　　　　　우리 프레젠테이션을 함께 준비할 수 있을까요? ·························· 83
Capítulo 09　Voy de excursión con mis amigas. 나는 친구들과 소풍을 갑니다. ····· 91
Capítulo 10　¿Qué les pongo? 무엇을 주문하시겠어요? ······························ 99
Capítulo 11　De lunes a viernes me levanto a las 7 de la mañana.
　　　　　　저는 월요일부터 금요일까지 아침 7시에 일어납니다. ····················· 107
Capítulo 12　Tienes que tomar un té caliente. 너는 따뜻한 차를 마셔야만 해. ······· 115

Capítulo 13　Me gusta el color rojo. 나는 빨간색을 좋아해요. ……………………… 123

Capítulo 14　¿Qué estás haciendo ahora? 너는 지금 뭐 하는 중이니? ………………… 131

Capítulo 15　Si tengo un mes de vacaciones, viajaré por Europa.
　　　　　　 만약 한 달의 휴가가 주어진다면, 나는 유럽을 여행할 거야. ……………… 139

Capítulo 16　¿Ya has llegado al aeropuerto? 너 벌써 공항에 도착했어? ……………… 147

Capítulo 17　Ayer te llamé para invitarte a una fiesta.
　　　　　　 파티에 널 초대하려고 어제 전화했었어. …………………………………… 155

Capítulo 18　De pequeña me divertía mucho en la casa de mi tío.
　　　　　　 어렸을 때 저는 삼촌댁에서 즐거운 시간을 보냈습니다. ………………… 163

Capítulo 19　Cuando llegué a la parada, ya se había ido el autobús.
　　　　　　 내가 정류장에 도착했을 때, 버스는 이미 떠나 버렸어. …………………… 171

Capítulo 20　Dígame, ¿cómo se encuentra hoy? 오늘 상태가 어떤지 말씀해 보세요. …… 179

정답 ………………………………………………………………………………… 187
듣기 대본 ……………………………………………………………………………… 193

내용 구성표

단원	문법
예비과	• 알파벳 • 발음 • 강세 • 물음표와 느낌표 • 명사의 성과 수 • 관사 • 인사 • 소개
01과 Mucho gusto. 만나서 반갑습니다.	• 인칭대명사 • ser 동사 (1) • 어순 • llamarse 동사
02과 La profesora de español es muy buena. 스페인어 선생님은 매우 좋은 분입니다.	• ser 동사 (2) • 부사 muy와 un poco • 지시사
03과 Estoy un poco cansado hoy. 나는 오늘 조금 피곤합니다.	• estar 동사 (1) • ser 동사와 estar 동사 비교
04과 ¿Dónde está el centro comercial ABC? ABC 쇼핑몰이 어디에 있나요?	• estar 동사 (2) • hay 동사
05과 Hoy es el cumpleaños de mi madre. 오늘은 제 어머니 생신입니다.	• 소유형용사 • 날짜표현 • 요일표현
06과 Nosotros estudiamos español. 우리는 스페인어를 공부합니다.	• –ar/-er/-ir 현재형 규칙동사 • 소유대명사
07과 Queremos ver una película. 우리는 영화를 한 편 보고 싶습니다.	• 불규칙동사 querer • 불규칙동사 tener
08과 ¿Podemos preparar la presentación juntos? 우리 프레젠테이션을 함께 준비할 수 있을까요?	• 불규칙동사 poder • 불규칙동사 saber와 conocer
09과 Voy de excursión con mis amigas. 나는 친구들과 소풍을 갑니다.	• 불규칙동사 ir, venir, salir, volver • ir a + 동사원형: ~할 예정이다
10과 ¿Qué les pongo? 무엇을 주문하시겠어요?	• 간접목적대명사 • 직접목적대명사 • 간접·직접목적대명사의 위치 • 몇 시인가요?
11과 De lunes a viernes me levanto a las 7 de la mañana. 저는 월요일부터 금요일까지 아침 7시에 일어납니다.	• 재귀동사 • 재귀대명사의 위치 • ¿A qué hora + 동사? : 몇 시에 ~하나요?
12과 Tienes que tomar un té caliente. 너는 따뜻한 차를 마셔야만 해.	• 시간의 흐름표현: ~한 지 ~되었어요 • 의무표현: ~해야만 합니다
13과 Me gusta el color rojo. 나는 빨간색을 좋아해요.	• gustar 동사 • gustar류 동사
14과 ¿Qué estás haciendo ahora? 지금 뭐 하는 중이니?	• 현재진행형 • llevar 동사 + 현재분사 + 기간
15과 Si tengo un mes de vacaciones, viajaré por Europa. 만약 한 달의 휴가가 주어진다면, 나는 유럽을 여행할 거야.	• 미래시제 • 비교급 • 최상급
16과 ¿Ya has llegado al aeropuerto? 너 벌써 공항에 도착했어?	• 현재완료(과거분사 규칙형/불규칙형) • acabar de + 동사원형: 방금 ~했다
17과 Ayer te llamé para invitarte a una fiesta. 파티에 널 초대하려고 어제 전화했었어.	• 단순과거 • 동등비교 표현
18과 De pequeña me divertía mucho en la casa de mi tío. 어렸을 때 저는 삼촌댁에서 즐거운 시간을 보냈습니다.	• 불완료과거 • 감탄의 표현
19과 Cuando llegué a la parada, ya se había ido el autobús. 내가 정류장에 도착했을 때, 버스는 이미 떠나 버렸어.	• 단순과거 vs. 불완료과거 • 과거완료 • 전치사 para와 por
20과 Dígame, ¿cómo se encuentra hoy? 오늘 상태가 어떤지 말씀해 보세요.	• 명령형

회화	추가어휘	문화
• 인사	• 국가명 및 국적형용사	• 지금은 스페인어 시대!
• 소개	• 직업 • 외모, 성격을 나타내는 형용사	• 스페인의 모든 것
• 기분/ 상태 묻고 답하기	• 기분, 감정을 나타내는 형용사 • 맛을 나타내는 형용사	• 라틴 아메리카의 모든 것(I)
• 위치 묻고 답하기	• 공공장소(1)	• 라틴 아메리카의 모든 것(II)
• 요일, 날짜 묻고 답하기	• 숫자 0~100 (기수) • 가족	• 마드리드 vs. 바르셀로나
• 의향 묻고 답하기	• -ar/-er/-ir 규칙동사 • 의문사	• 스페인의 산티아고 순례길
• querer, tener 동사를 이용하여 말하기	• 불규칙동사(1)	• 스페인을 대표하는 예술가들
• 약속 정하기	• 불규칙동사(2) • 날씨 형용사	• 중남미를 대표하는 예술가들
• 계획 이야기하기	• 교통수단 • 관광지	• 스페인 프로축구, 프리메라리가
• 레스토랑에서 주문하기	• 시간표현 활용 • 음식과 음료	• 스페인 대표문화, 투우
• 시간 표현 '~시에 ~해요' 이용하여 말하기	• 재귀동사 • '형용사 + -mente' 형태의 부사	• 스페인 안달루시아의 열정의 꽃, 플라멩코
• 조언 및 충고하기	• 신체	• 바쁜 일상 속, 한낮의 보상 '시에스타'
• gustar 동사 이용하여 말하기	• 의류 및 신발 • 색깔	• 스페인의 음식문화
• 현재진행형 이용하여 말하기	• 숫자 101~1,000 (기수) • 숫자 1~10(서수)	• 멕시코의 음식문화
• 미래시제 이용하여 말하기	• 여가, 취미활동	• 강렬한 유혹, 라틴 음악과 라틴 댄스
• 현재완료시제 이용하여 말하기	• 공항에서 • 여행	• 신들의 모임장소 '떼오띠우아깐'
• 과거시제 이용하여 말하기	• 선물 및 기념품 • 쇼핑 장소	• 카리브해의 유혹, 최고의 휴양지 깐꾼
• 불완료과거시제 이용하여 말하기	• 장난감 • 숫자 1,001~1,000,000,000,000(기수)	• 잉카의 전설, 잃어버린 공중도시, 페루의 마추픽추
• 과거완료시제 이용하여 말하기	• 사무실	• 천국과 지상의 경계, 우유니 소금호수
• 명령형 이용하여 말하기(병원에서 진료받기)	• 병원 • 약국	• 스페인, 중남미와 한국간의 관계

El español 예비과

1. 알파벳
2. 발음
3. 강세
4. 물음표와 느낌표
5. 명사의 성과 수
6. 관사
7. 인사
8. 소개

1. 알파벳 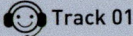 Track 01

스페인어는 라틴어를 기반으로 한 언어이기 때문에 로마자를 사용합니다.

스페인어 알파벳은 총 27개로, 5개의 모음(a, e, i, o, u)과 22개의 자음으로 구성됩니다.
기존에는 이중자음인 'ch'와 'll'도 독립문자로 보고 총 29개의 알파벳을 학습했지만, 개정된 알파벳 표에서는 이 2개의 문자를 이중자음으로 간주하여 독립문자에서 제외시켰습니다.
본 책에서는 학습 편의상 이 2개의 문자를 포함하여 알파벳 표를 구성하였습니다.

A a (아)	**B b** (베)	**C c** (쎄)	**Ch ch** (체)
árbol [아르볼] 나무	**b**ufanda [부판다] 머플러	**c**oche [꼬체] 자동차	**ch**upete [추뻬떼] 막대사탕
D d (데)	**E e** (에)	**F f** (에페)	**G g** (헤)
dedo [데도] 손가락	**e**uro [에우로] 유로	**f**lor [플로르] 꽃	**g**uantes [구안떼쓰] 장갑
H h (아체)	**I i** (이)	**J j** (호따)	**K k** (까)
helicóptero [엘리꼽떼로] 헬리콥터	**i**mán [이만] 자석	**j**ersey [헤르세이] 스웨터	**k**iwi [끼위] 키위

L l (엘레)	**Ll ll** (에예)	**M m** (에메)	**N n** (에네)
luna [루나] 달	llave [야베] 열쇠	montaña [몬따냐] 산	nariz [나리쓰] 코
Ñ ñ (에녜)	**O o** (오)	**P p** (뻬)	**Q q** (꾸)
piña [삐냐] 파인애플	ojos [오호스] 눈	paraguas [빠라구아스] 우산	quince [낀쎄] 숫자 15
R r (에레)	**S s** (에쎄)	**T t** (떼)	**U u** (우)
rueda [루에다] 바퀴	sandía [산디아] 수박	tambor [땀보르] 북	uva [우바] 포도
V v (우베)	**W w** (우베 도블레)	**X x** (에끼스)	**Y y** (예)
volcán [볼깐] 화산	web [웹] 웹	xilófono [실로포노] 실로폰	yoyó [요요] 요요
Z z (쎄따)			
zapatos [싸빠또쓰] 신발			

예비과 15

2. 발음

● 모음

스페인어에는 a, e, i, o, u 총 5개의 모음이 있는데, 이 중 a, e, o는 '강모음', i, u는 '약모음'으로 구분합니다. 영어의 모음은 하나의 모음이 경우에 따라 다른 발음으로 소리 나기도 하지만, 스페인어의 모음은 발음이 항상 일정합니다.

모음	발음
a	'ㅏ' 발음 amor [아모르] 사랑 agua [아구아] 물
e	'ㅔ' 혹은 'ㅐ' 발음 bebé [베베] 아기 elefante [엘레판떼] 코끼리
i	'ㅣ' 발음 iglesia [이글레시아] 교회, 성당 limón [리몬] 레몬 tigre [띠그레] 호랑이
o	'ㅗ' 발음 ojos [오호스] 눈 rosa [로사] 장미 bolso [볼소] 가방
u	'ㅜ' 발음 uno [우노] 1 cuatro [꾸아뜨로] 4 pluma [쁠루마] 펜

2개 이상의 모음이 연달아 나오는 경우를 이중모음이라고 합니다. 주의해야 할 이중모음은 다음과 같습니다.

이중모음	발음
ue	자음 g와 q 뒤에 오는 ue는 [e]로 발음. gue는 [ge (게)], que는 [qe (께)] guerra [게라] 전쟁 albergue [알베르게] 숙박업소, 여관 queso [께소] 치즈
ui	자음 g와 q 뒤에 오는 ui는 [i]로 발음. gui는 [gi (기)], qui는 [qi (끼)] guitarra [기따라] 기타 aquí [아끼] 여기, 이곳 quiosco [끼오스꼬] 키오스코, 가판대, 구멍가게

주목! Ojo!

üe, üi와 같이 u 위에 뜨레마가 있는 경우(u 위에 있는 두 개의 점을 '뜨레마(trema)'라고 합니다.) 에는 üe [우에], üi [우이]와 같이 'u'를 원래 모음읽기 규칙대로 발음해야 합니다.
→ vergüenza [베르구엔사] 부끄러움 pingüino [뼁구이노] 펭귄

• 자음  Track 03

자음 역시 대부분 발음이 일정하며, 뒤에 오는 모음에 따라 발음이 달라지는 자음은 c와 g, 2개뿐입니다.

자음	발음
b	'ㅂ' 발음 bebé [베베] 아기 bueno [부에노] 좋은
c	모음 a, o, u와 결합된 경우에는 'ㄲ' 발음 casa [까사] 집 loco [로꼬] 미친 모음 e, i와 결합된 경우에는 'ㅆ'과 유사한 영어의 'th' 발음 cielo [씨엘로] 하늘 centro [쎈뜨로] 시내
ch	'ㅊ' 발음 chico [치꼬] 소년 coche [꼬체] 자동차
d	'ㄷ' 발음 dedo [데도] 손가락 ciudad [씨우닫] 도시
f	'ㅍ' 발음 foto [포또] 사진 familia [파밀리아] 가족
g	모음 a, o, u 또는 ui, ue와 결합된 경우에는 'ㄱ' 발음 guapo [구아뽀] 잘생긴 guitarra [기따라] 기타 guerra [게라] 전쟁 모음 e, i와 결합된 경우에는 'ㅎ' 발음 gente [헨떼] 사람들 gitano [히따노] 집시
h	발음하지 않는 묵음 hola [올라] 안녕 hombre [옴브레] 남자
j	'ㅎ'과 같으나 조금 더 강한 'ㅎ'으로 발음 jardín [하르딘] 정원 viaje [비아헤] 여행
k	'ㄲ' 발음 kiwi [끼위] 키위 whisky [위스끼] 위스키
l	'ㄹ' 발음 lámpara [람빠라] 램프 limón [리몬] 레몬 l이 단어 가운데 오는 경우 'ㄹ' 받침으로 발음 cielo [씨엘로] 하늘 helado [엘라도] 아이스크림
ll	모음과 결합하여 lla [야], lle [예], lli [이], llo [요], llu [유]로 발음하는 것이 일반적이나, 지역에 따라 [쟈], [졔], [지], [죠], [쥬] 혹은 [샤], [셰], [시], [쇼], [슈]로 발음하기도 함 llamar [야마르] 부르다 calle [까예] 길 lluvia [유비아] 비

예비과 17

자음	발음
m	'ㅁ' 발음 mano [마노] 손 madre [마드레] 엄마
n	'ㄴ' 발음 noche [노체] 밤 nombre [놈브레] 이름 n이 단어 중간에 오는 경우 한국어의 'ㅇ' 받침처럼 발음 cinco [씽꼬] 5 inglés [잉글레스] 영어 영국남자
ñ	모음 a, e, i, o, u와 결합하여 ña [냐], ñe [녜], ñi [니], ño [뇨], ñu [뉴]로 발음 España [에스빠냐] 스페인 español [에스빠뇰] 스페인어, 스페인남자
p	'ㅃ' 발음 pan [빤] 빵 primo [쁘리모] 사촌 padre [빠드레] 아빠
q	'ㄲ' 발음. 보통 이중모음 ue, ui와 결합하여 que [께], qui [끼]로 발음 queso [께소] 치즈 Te quiero [떼 끼에로] 너를 좋아해
r	'ㄹ'과 같으나 더 강하게 혀를 굴려 발음 rosa [ㄹ로사] 장미 radio [ㄹ라디오] 라디오 perro [뻬ㄹ로] 개 ferrocarril [페로까ㄹ릴] 철도 r이 단어 중간에 오는 경우에는 그냥 가벼운 'ㄹ'로 발음 gordo [고르도] 뚱뚱한 cerdo [쎄르도] 돼지고기
s	'ㅅ' 또는 'ㅆ' 발음 siesta [시에스따] 시에스타(낮잠) especial [에스뻬씨알] 특별한
t	'ㄸ' 발음 tres [뜨레쓰] 3 tiempo [띠엠뽀] 시간
v	'ㅂ' 발음 verano [베라노] 여름 vaca [바까] 소 vino [비노] 와인
w	영어의 [w] 발음 web [웹] 웹 whisky [위스끼] 위스키
x	영어의 [ks] 발음 examen [엑사멘] 시험 boxeo [복세오] 권투 exacto [엑삭또] 정확한 x가 첫 글자로 오는 단어는 'ㅅ' 발음 xilófono [실로포노] 실로폰 xilografía [실로그라피아] 목판술, 목판화 국명이나 지명인 경우 'ㅎ' 발음 México [메히꼬] 멕시코 Oaxaca [오아하까] 오아하까(지명) Texas [떼하스] 텍사스
y	모음과 결합하여 ya [야], ye [예], yi [이], yo [요], yu [유]로 발음하는 것이 일반적이나, 지역에 따라 [쟈], [졔], [지], [죠], [쥬] 혹은 [샤], [셰], [시], [쇼], [슈]로 발음하기도 함 yo [요] 나 desayuno [데사유노] 아침식사
z	영어의 [th] 발음 zapatos [싸빠또쓰] 신발 paz [빠쓰] 평화

3. 강세

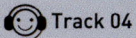 Track 04

스페인어는 발음할 때 강세를 살려 읽습니다. 스페인어의 강세 규칙은 다음과 같습니다.

1 모음 또는 자음 n, s로 끝나는 단어는 끝에서 두 번째 모음에 강세가 옵니다.

ex-a-men [엑-사-멘] 시험   mar-tes [마르-떼쓰] 화요일   ma-no [마노] 손   fo-to [포또] 사진

2 n, s를 제외한 자음으로 끝나는 단어는 마지막 모음에 강세가 옵니다.

ver-dad [베르-닫] 사실/진실   com-prar [꼼-쁘라르] 사다   ciu-dad [씨우-닫] 도시

3 '강모음(a, e, o) + 약모음(i, u)'으로 구성된 단어는 강모음에 강세가 옵니다.

cuar-to [꾸아르-또] 방, 룸   rei-na [레이-나] 여왕
cie-lo [씨엘-로] 하늘   bue-no [부에-노] 좋은, 훌륭한

4 강세 규칙에서 벗어나는 곳에 강세가 올 경우에는 해당 모음 위에 강세부호(ˊ)를 붙이고 강하게 읽습니다.

lá-piz [라-삐쓰] 연필   can-ción [깐-씨온] 음악, 노래
ca-fé [까-페] 커피   sá-ba-do [싸-바-도] 토요일

5 발음은 같지만 뜻이 다른 단어를 구별하기 위해 (ˊ)부호를 사용하기도 합니다.

qué [께] 무엇 (의문사) – que [께] (관계대명사)   él [엘] 그 (3인칭 대명사) – el [엘] (남성형 정관사)

6 단수-복수 변화 혹은 동사활용 등의 경우에 강세가 없어지거나 추가되거나 위치가 바뀔 수도 있습니다.

canción [깐씨온] 노래 – canciones [깐씨오네쓰] 노래들
joven [호벤] 젊은이 – jóvenes [호베네쓰] 젊은이들
espécimen [에스뻬씨멘] 샘플 – especímenes [에스뻬씨메네쓰] 샘플들
escuchar [에쓰꾸차르] 듣다 – escúchame [에쓰꾸차메] 내 말 좀 들어줘

4. 물음표와 느낌표

스페인어의 의문문과 감탄문은 문장 앞, 뒤 모두에 물음표(¿ ?)와 느낌표(¡ !)를 붙입니다.

¿Cómo se llama?　　　　　성함이 어떻게 되십니까?
¿Y tú?　　　　　　　　　(그리고) 너는?
¡Bienvenidos a España!　　 스페인에 오신 것을 환영합니다!
¡Ojalá!　　　　　　　　　제발!

5. 명사의 성과 수

● 명사의 성

일반적으로 남성명사는 -o로 끝나고, 여성명사는 -a로 끝납니다.

남성명사	여성명사
marido 남편	casa 집
libro 책	oficina 사무실
espejo 거울	ropa 옷
bolso 가방	carta 편지

1) 자음으로 끝나는 남성명사에 -a를 붙이거나, -o로 끝나는 남성명사의 -o를 -a로 바꾸면 여성명사가 됩니다.

남성명사	여성명사
profesor 교수	profesora 여교수
señor 아저씨	señora 아주머니
esposo 남편	esposa 아내
hijo 아들	hija 딸
chico 남자아이	chica 여자아이

2) -o로 끝났지만 여성명사이고, -a로 끝났지만 남성명사인 예외 단어들도 있습니다.

-o로 끝나는 여성명사	-a로 끝나는 남성명사
mano 손	día 요일
moto 오토바이	mapa 지도
foto 사진	papá 아빠

3) 다음 어미로 끝나는 명사는 대부분 여성명사입니다.

-sión: ilusión 환상　　mansión 숙박　　comprensión 이해
-ción: canción 노래　　imaginación 상상　sanción 제재
-tión: cuestión 문제
-dad: soledad 고독　　bondad 선의　　　maldad 악행
-tud: multitud 다수　　magnitud 크기/중요성

4) 자음으로 끝나는 명사는 대부분 남성명사입니다.

lápiz 연필　　reloj 시계　　árbol 나무　　balón 공　　corazón 심장　　pan 빵

5) 남성형과 여성형이 동일한 경우도 있습니다. 이러한 경우엔 관사로 성을 구분합니다.

남성명사	여성명사
el periodista 남자신문기자	la periodista 여자신문기자
el estudiante 남학생	la estudiante 여학생
el joven 젊은 남자	la joven 젊은 여자
el modelo 남자모델	la modelo 여자모델

● 명사의 수

1) 모음으로 끝나는 명사는 -s, 자음으로 끝나는 명사는 -es를 붙여 복수형을 만듭니다.

escritorio 책상 → escritorios　　mujer 여자 → mujeres

2) 강세가 있는 모음으로 끝나는 단어는 모음으로 끝나더라도 -es를 붙여 복수형을 만듭니다.

rubí 루비 → rubíes　　bambú 대나무 → bambúes　　jabalí 멧돼지 → jabalíes

3) 강세가 있는 모음이라도 -á, -é 로 끝나는 단어들은 -s만 붙여 복수형을 만듭니다.

> sofá 소파 → sofás   mamá 엄마 → mamás   café 커피 → cafés

4) -z로 끝나는 명사는 -z를 -c로 바꾸고 -es를 붙여 복수형을 만듭니다.

> pez 물고기 – peces   lápiz 연필 – lápices   voz 목소리 – voces   vez 번, 회수 – veces

5) -s로 끝나는 단어는 단·복수의 형태가 동일하며, 이때는 관사로 단·복수를 구분합니다.

> el paraguas 우산 – los paraguas   el viernes 금요일 – los viernes
> la crisis 위기 – las crisis

6. 관사

스페인어 관사는 명사의 성·수에 일치시켜 사용합니다.

- **정관사** : 앞에서 이미 언급되었거나, 서로 알고 있는 명사 앞에 쓰입니다. 영어의 'the'에 해당합니다.

	단수	복수
남성	el	los
여성	la	las

> el libro 그 책   los libros 그 책들   la montaña 그 산   las montañas 그 산들

- **부정관사** : 불특정한 명사 앞에 쓰입니다. 단수로 쓰일 때는 '하나의', 복수로 쓰일 때는 '몇몇의'라는 의미입니다.

	단수	복수
남성	un	unos
여성	una	unas

> un libro 한 권의 책   unos libros 몇 권의 책들
> una montaña 한 개의 산   unas montañas 여러 산들

7. 인사

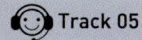 Track 05

❋ 기본 인사

¡Buenos días!	[부에노스 디아스]	아침 인사
¡Buenas tardes!	[부에나스 따르데스]	점심 인사
¡Buenas noches!	[부에나스 노체스]	저녁 인사
¡Hola!	[올라]	안녕!

❋ 안부를 물을 때

¿Cómo está usted? [꼬모 에스따 우스뗃]   안녕하세요? / 어떻게 지내세요?   (존칭)
– Bien, gracias. [비엔, 그라시아스]   잘 지내요, 고마워요.

¿Cómo estás (tú)? [꼬모 에스따스 (뚜)]   안녕? / 어떻게 지내?   (비존칭)
– Muy bien. [무이 비엔]   아주 잘 지내고 있어.

¿Qué tal? [께 딸]   어떻게 지내? / 잘 지내?   (비존칭)
– Bien. ¿Y tú? [비엔, 이 뚜?]   잘 지내. 너는?

❋ 처음 만날 때

Mucho gusto. [무초 구스또]   만나서 반가워요.
Encantado. [엔깐따도]   만나서 반가워요. (본인이 남자인 경우)
Encantada. [엔깐따다]   만나서 반가워요. (본인이 여자인 경우)
Igualmente. [이구알멘떼]   나도 반가워요.

❋ 헤어질 때

¡Adiós! [아디오스]   안녕! / 안녕히 가세요! / 안녕히 계세요!
¡Chao! [차오]   안녕! / 안녕히 가세요! / 안녕히 계세요!
Nos vemos. [노스 베모스]   우리 또 만나요. / 또 보자.
Hasta pronto. [아스따 쁘론또]   곧 또 만나요.
Hasta luego. [아스따 루에고]   다음에 또 만나요.
Hasta mañana. [아스따 마냐나]   내일 만나요. / 내일 보자.

감사할 때

　Gracias. [그라씨아쓰]　　　　　　　　　고맙습니다. / 감사합니다.
　Muchas gracias. [무차스 그라씨아쓰]　대단히 고맙습니다. / 감사합니다.
　De nada. [데 나다]　　　　　　　　　　천만에요. / 별말씀을요.

 사과할 때

　Lo siento. [로 씨엔또]　　미안합니다. / 유감입니다.
　Perdón. [뻬르돈]　　　　죄송합니다.

> 주목! Ojo!
> Perdón의 경우 억양을 올려서 ¿Perdón? 이라고 하면 '뭐라고 하셨어요?'라는 뜻으로 상대방의 말을 잘 알아듣지 못했을 때 쓰는 표현이 됩니다.

8. 소개　　　　　　　　　　　　　　　　　　　　　　　　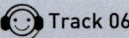 Track 06

✱ **존칭**

남:	¡Buenos días! [부에노스 디아스]	좋은 아침이에요!
여:	¡Buenos días! [부에노스 디아스]	안녕하세요!
남:	¿Cómo está usted? [꼬모 에스따 우스뗀]	컨디션은 어떠세요?
여:	Estoy bien, gracias. [에스또이 비엔, 그라씨아쓰]	좋습니다, 고마워요.
남:	¿Cómo se llama usted? [꼬모 쎄 야마 우스뗀]	성함이 어떻게 되시죠?
여:	Me llamo Aram. [메 야모 아람]	저는 아람이라고 해요.
남:	¿De dónde es usted? [데 돈데 에스 우스뗀]	(당신은) 어디서 오셨어요?
여:	Soy de Corea. [소이 데 꼬레아]	(저는) 한국에서 왔어요.
남:	¿Dónde vive? [돈데 비베]	(당신은) 어디에 사세요?
여:	Vivo en Seúl. [비보 엔 세울]	(저는) 서울에 살아요.
남:	Encantado, señorita Aram. [엔깐따도, 세뇨리따 아람]	만나서 반가워요, 아람씨.
여:	Encantada. [엔깐따다]	반가워요.

✱ **비존칭**

여: ¡Hola! [올라]   안녕!

남: ¡Hola! [올라]   안녕!

여: ¿Qué tal? [께 딸]   기분이 어때?

남: Muy bien, gracias. [무이 비엔, 그라씨아쓰]   아주 좋아, 고마워.

여: ¿Cómo te llamas? [꼬모 떼 야마스]   이름이 뭐야?

남: Me llamo Sangmin. [메 야모 상민]   나는 상민이라고 해.

여: ¿De dónde eres? [데 돈데 에레쓰]   (너는) 어디서 왔어?

남: Soy de Corea. [소이 데 꼬레아]   (나는) 한국에서 왔어.

여: ¿Dónde vives? [돈데 비베스]   (너는) 어디 살아?

남: Vivo en Busan. [비보 엔 부산]   (나는) 부산에 살아.

여: Mucho gusto. [무초 구스또]   만나서 반가워.

남: Igualmente. [이구알멘떼]   나도.

CAPÍTULO 01

Mucho gusto.
만나서 반갑습니다.

- 인칭대명사
- ser 동사 (1)
- 어순
- llamarse 동사
- 추가 어휘 : 국가명 및 국적형용사

문법 Gramática

인칭대명사

인칭	단수	복수
1인칭	yo 나	nosotros/as 우리들 * 주어가 남녀 혼성인 경우엔 nosotros, 여성 복수인 경우엔 nosotras를 사용
2인칭	tú 너 * 가족, 친구 등 가까운 사이에서 사용	vosotros/as 너희들 * 친한 사이에서 사용하며, 주어가 남녀 혼성일 경우에 vosotros, 여성 복수일 경우에는 vosotras를 사용 * 중남미에서는 vosotros/as를 사용하지 않고 대신 Uds.를 쓴다.
3인칭	usted = Ud. 당신 * 연장자나 처음 만나는 사람, 혹은 사무적이고 공식적인 관계에서 사용	ustedes = Uds. 당신들 * 공식적인 또는 나이가 많은 다수의 사람에게 사용
	él 그, ella 그녀	ellos 그들, ellas 그녀들 * 남녀 혼성일 경우에는 ellos를 사용

> **주목! Ojo!**
> 스페인어 문장에서는 주어를 생략하는 것이 일반적이지만, 3인칭의 경우 주어를 언급하지 않으면 의미 전달이 불분명해지는 경우에는 생략하지 않습니다.

ser 동사 (1)

영어의 be 동사에 해당하며, 주어의 '이름'이나 '국적'을 말할 때 사용합니다.

인칭대명사	ser 동사	인칭대명사	ser 동사
yo	soy	nosotros/as	somos
tú	eres	vosotros/as	sois
usted, él, ella	es	ustedes, ellos, ellas	son

1. 이름을 말할 때

Yo **soy** Carmen. 나는 까르멘입니다.   Él **es** Antonio. 그는 안또니오입니다.

2. 국적을 말할 때

[ser 동사 + de + 국가명] 또는 [ser 동사 + 국가형용사]의 형태로 씁니다.

¿De dónde **eres**? 너는 어디 출신이니?   **Soy** de Corea. 나는 한국 출신이야.
Él **es** coreano. 그는 한국사람입니다.   Ella **es** coreana. 그녀는 한국사람입니다.

> **주목! Ojo!**
>
> ser 동사의 보어로 '국가형용사'가 올 때, 주어와 성·수를 일치시켜야 한다는 점, 잊지 마세요!
>
> **Nosotros somos coreanos.** 우리는 한국인입니다.   **Ellas son coreanas.** 그녀들은 한국여자들입니다.

▼ 어순

1. 평서문

   1) 긍정문: 주어 + 동사 + 목적어/보어

      Yo soy Fabio. 나는 파비오입니다.   Ella es Ana. 그녀는 아나입니다.

   2) 부정문: 주어 + no + 동사 + 목적어/보어

      Yo no soy Fabio. 나는 파비오가 아닙니다.   Ella no es Ana. 그녀는 아나가 아닙니다.

2. 의문문

   1) 의문사가 있는 의문문: ¿ 의문사 + 동사 + 주어 ~ ? p.71 의문사 참조

      ¿Cuál es tu nombre? 너의 이름은 뭐니?   ¿De dónde eres tú? 너는 어디 출신이니?

   2) 의문사가 없는 의문문: ¿ 동사 + 주어 ~ ?

      ¿Eres tú coreana? 너는 한국인이니?   ¿Es Carlos español? 까를로스는 스페인사람인가요?

> **주목! Ojo!**
>
> 출신을 묻는 표현 ¿De dónde~?에서 de는 영어 from에 해당하는 전치사로, 의문사 앞에 씁니다.

llamarse 동사

'~라고 불리다', '이름이 ~이다'라는 뜻으로, 뒤에 이름이 옵니다. 인칭별로 다음과 같은 형태로 쓰입니다.

단수		복수	
yo	me llamo	nosotros/as	nos llamamos
tú	te llamas	vosotros/as	os llamáis
usted, él, ella	se llama	ustedes, ellos, ellas	se llaman

A: ¿Cómo te llamas? 네 이름은 뭐니? (친구 또는 아랫사람)

   ¿Cómo se llama? 성함이 어떻게 되세요? (처음 만나는 사람 또는 윗사람)

B: Me llamo Sangmin. 제 이름은 상민이에요.

회화 Conversación

해석

남성 1: 좋은 아침입니다.
남성 2: 좋은 아침입니다. 오늘 기분은 어떠세요?
남성 1: 좋아요, 고맙습니다. 성함이 어떻게 되시죠?
남성 2: 저는 펠리뻬라고 합니다. 당신은요?
남성 1: 저는 프란씨스꼬입니다. 만나서 반갑습니다.
남성 2: 반갑습니다, 프란씨스꼬 씨.

Señor 1 ¡Buenos días, señor!
부에노스 디아스, 세뇨르!

Señor 2 ¡Buenos días! ¿Cómo esta?
부에노스 디아스! 꼬모 에스따?

Señor 1 Bien, gracias. ¿Cómo se llama usted?
비엔, 그라씨아스. 꼬모 세 야마 우스뗃?

Señor 2 Me llamo Felipe. ¿Y usted?
메 야모 펠리뻬. 이 우스뗃?

Señor 1 Yo soy Francisco. Mucho gusto.
요 소이 프란씨스꼬. 무쵸 구스또.

Señor 2 Encantado, señor Francisco.
엔깐따도, 세뇨르 프란씨스꼬.

새 단어

señor ~씨 (남자를 부르는 호칭)

새 표현

Buenos días.
안녕하세요. (아침인사)

¿Cómo está?
어떠세요? (안부 묻기)

¿Cómo se llama usted?
성함이 어떻게 되세요? (존댓말)

Me llamo ~.
내 이름은 ~입니다.

Mucho gustro. Encantado/a.
만나서 반갑습니다.

추가 어휘 Vocabulario

국가명 및 국적형용사

| 국가명 : | Corea 한국 | China 중국 | Japón 일본 |
| 국적(남/여) : | coreano/a | chino/a | japonés/a |

국가명 : **Estados Unidos América** 미국　　**España** 스페인　　**Inglaterra** 영국
국적(남/여) : estadounidense / americano/a　　español/a　　inglés/a

국가명 : **Francia** 프랑스　　**Alemania** 독일　　**Argentina** 아르헨티나
국적(남/여) : francés/a　　alemán/a　　argentino/a

국가명 : **Perú** 페루　　**México** 멕시코　　**Chile** 칠레
국적(남/여) : peruano/a　　mexicano/a　　chileno/a

국가명 : **Bolivia** 볼리비아　　**Colombia** 콜롬비아　　**Brasil** 브라질
국적(남/여) : boliviano/a　　colombiano/a　　brasileño/a

연습문제 Práctica

1 다음 빈칸에 알맞은 ser 동사를 넣어 보세요.

1) ¿De dónde eres tú? / _____ de España.

2) ¿Quién _____ Nadia?

3) Nosotras _____ coreanas.

4) ¿_____ ustedes chinos? / No, _____ coreanos.

5) ¿De dónde _____ vosotros? / _____ de Barcelona.

6) ¿_____ tú español o mexicano? / _____ español.

7) ¿Ustedes _____ americanos?

   / No, no _____ americanos. _____ ingleses.

8) ¿Cuál _____ tu nombre? / Mi nombre _____ Minsu.

단어 quién 누구   tu 너의   mi 나의   nombre *m.* 이름

2 다음 대상에 맞는 인칭대명사를 〈보기〉에서 골라 써 보세요.

| 보기 | él   ella   nosotros   nosotras   ellos   ellas |

1) Carlos _____

2) Luis, Ana y Esteban _____

3) Tú y yo _____

4) Ana y Carmen _____

5) El profesor _____

6) Rosa _____

7) Elena y yo (mujer) _____

단어 mujer *f.* 여자

3 다음 그림을 보고, ser 동사와 llamarse 동사를 사용하여 이름과 국적을 말해 보세요.

ARGENTINA	PERÚ	ITALIA	BRASIL	ESPAÑA
Luis Maldonado	Juan Pérez	Sandra Moretto	Sebastián Silva	Lucia Montes
él	yo	ella	usted	tú

보기	Se llama Luis Maldonado y es argentino.

1) _____.

2) _____.

3) _____.

4) _____.

4 문제를 듣고 알맞은 답을 골라 보세요.　　　　　Track 08

1) ⓐ Me llamo Juan.　　　ⓑ Soy de España.

　　ⓒ Es Carmen.　　　　ⓓ Eres coreano.

2) ⓐ Es de México.　　　ⓑ Soy de Corea.

　　ⓒ Se llama Juan.　　　ⓓ Somos coreanos.

문화 Cultura

지금은 스페인어 시대!

이제 영어는 남녀노소를 불문하고 모두가 학습해야 할 필수 언어가 되었고, 더 이상 영어만으로 본인 스펙에 승부수를 띄우기에 다소 어려워진 것이 현실입니다.
많은 분들이 경쟁력 있는 제 2외국어 학습에 눈을 돌리고 있는 요즘 대다수가 선택하는 언어가 바로 스페인어입니다.

스페인어는 전 세계 약 5억 명의 인구가 사용 중이며, 중국어 다음으로 전 세계에서 많은 수의 사람들이 사용 중인 언어로 집계되고 있습니다. 중국어, 영어, 아랍어, 프랑스어, 러시아어와 함께 UN 공용어로도 채택되어 있습니다.

스페인을 비롯하여 중남미의 멕시코, 콜롬비아, 아르헨티나, 페루, 베네수엘라, 칠레, 쿠바, 에콰도르, 도미니카공화국, 과테말라, 온두라스, 볼리비아, 엘살바도르, 니카라과, 파라과이, 코스타리카, 푸에르토리코, 우루과이, 파나마 등의 국가들에서 모국어로 사용 중입니다.

스페인어는 '에스빠뇰', '까스떼야노' 등 다양하게 불리고 있으며 특히 '까스떼야노'라는 명칭의 경우, 스페인 중부 '까스띠야' 왕국, 지금의 마드리드를 중심으로 동쪽의 까딸루냐, 서쪽의 갈리시아, 그리고 북쪽의 바스크 지역이 통일되면서 '까스띠야' 왕국에서 사용하던 '까스떼야노'가 스페인의 국어가 되어 이와 같이 불리게 된 것입니다.

1492년 콜럼버스의 신대륙 발견 이후 라틴 아메리카에까지 전파되어 오늘날 세계적으로 통용되고 있습니다.

스페인, 중남미 국가들 외에도 스페인의 식민지배를 받았던 아프리카의 적도 기니에서 스페인어를 공용어로 삼고 있으며, 아시아 국가들 중에도 16세기 스페인의 식민지였던 필리핀에서 1973년 헌법 개정 이전까지 스페인어를 공용어로 사용했던 기록이 있습니다.

CAPÍTULO 02

La profesora de español es muy buena.
스페인어 선생님은 매우 좋은 분입니다.

- ser 동사 (2)
- 부사 muy와 un poco
- 지시사
- 추가 어휘 : 직업, 형용사 (1)

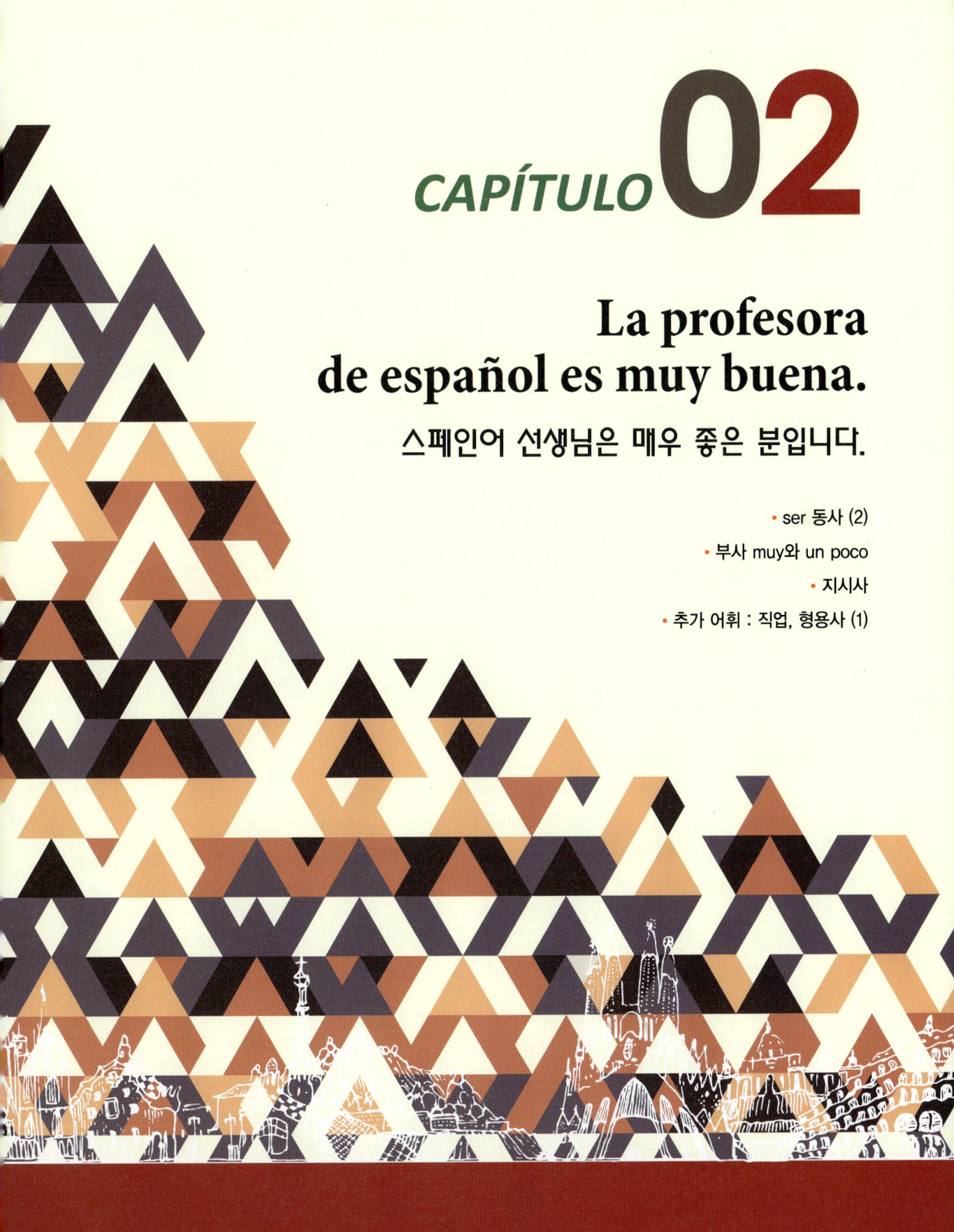

문법 Gramática

ser 동사 (2)

1. 직업을 말할 때

Marcela **es** profesora de español. 마르셀라는 스페인어 선생입니다.
Carlos y yo **somos** estudiantes. 까를로스와 나는 학생입니다.
Él **es** médico y yo **soy** enfermera. 그는 의사이고, 나는 간호사입니다.

 주목! Ojo!

y는 영어 and에 해당하는 접속사로, 단어와 단어, 문장과 문장을 연결할 때 씁니다.

2. 성격이나 외모를 말할 때

Ella **es** muy guapa. 그녀는 매우 미인입니다.
Juan y Carlos **son** simpáticos. 후안과 까를로스는 친절합니다.
Yo **soy** un poco serio. 나는 조금 진지한 편입니다.

 주목! Ojo!

보어 자리의 형용사는 주어와 성·수를 일치시킵니다.

Él es guapo. 그는 잘생겼습니다.   Ellos son guapos. 그들은 잘생겼습니다.
Ella es guapa. 그녀는 미인입니다.   Ellas son guapas. 그녀들은 미인들입니다.

부사 muy와 un poco

> muy 매우, 아주
> un poco 조금, 약간   + 형용사, 부사

La casa es **muy** grande. 집은 매우 큽니다.
Rosa es **un poco** gorda. 로사는 조금 통통합니다.
Raúl es **muy** guapo. 라울은 매우 잘생겼습니다.
Antonio es **un poco** bajo. 안또니오는 키가 조금 작습니다.
El avión es **muy** rápido. 비행기는 매우 빠릅니다.

지시사

지시사는 명사 앞에서 형용사 역할을 하거나, 대명사 단독으로 쓰이기도 합니다. 명사 앞에 쓰일 때에는 명사에 성·수를 일치시킵니다.

	이- / 이것, 이 사람		그- / 그것, 그 사람		저- / 저것, 저 사람	
	남성	여성	남성	여성	남성	여성
단수	este	esta	ese	esa	aquel	aquella
복수	estos	estas	esos	esas	aquellos	aquellas

esta manzana
이 사과

esa manzana
그 사과

aquella manzana
저 사과

Este coche es muy caro. 이 자동차는 매우 비쌉니다.
Esos libros son interesantes. 그 책들은 재미있습니다.
Esta chica es bonita. 이 소녀는 예쁩니다.
Aquel es profesor de inglés. 저 사람은 영어 선생님입니다.

> 주목! Ojo!
>
> 정체를 모르는 대상에 대해 언급할 경우에는 성·수에 상관없이 중성대명사 **esto**(이것), **eso**(그것), **aquello**(저것)를 씁니다.
>
> ¿Qué es esto(eso/aquello)? 이것(그것/저것)은 무엇인가요?

Ejercicios 학습한 내용을 바탕으로 다음 우리말을 스페인어로 말해 보세요.

1. María는 교사이고, 나는 학생입니다.
2. 이 집은 매우 크고 예쁩니다.
3. 우리들은 회사원들입니다.

단어 집 (la) casa 큰 grande 예쁜 bonito/a 회사원 (el/la) oficinista

정답 | 1. María es profesora y soy estudiante. 2. Esta casa es muy grande y bonita. 3. Nosotros somos oficinistas.

02. La profesora de español es muy buena.

회화 Conversación

Track 09

해석

리까르도: 안녕, 산드라. 오늘 컨디션 어때?
산드라: 잘 지내, 리까르도. 넌 어때?
리까르도: 나도 잘 지내, 고마워. 그녀는 누구니?
산드라: 이쪽은 아나이고, 영어수업 함께 듣는 동료야.
리까르도: 만나서 반가워, 아나. 난 산드라 친구야.
아나: 만나서 반가워, 리까르도.
리까르도: 넌 어디 출신이니?
아나: 미국인이야.

Ricardo Hola, Sandra. ¿Qué tal?
올라, 산드라, 께 딸?

Sandra Bien, Ricardo. ¿Y tú?
비엔, 리까르도. 이 뚜?

Ricardo Bien, gracias. ¿Quién es ella?
비엔, 그라씨아스. 끼엔 에스 에야?

Sandra Esta es Ana, mi compañera de la clase de inglés.
에스따 에스 아나, 미 꼼빠녜라 데 라 끌라세 데 잉글레스.

Ricardo Mucho gusto, Ana. Yo soy amigo de Sandra.
무쵸 구스또, 아나. 요 소이 아미고 데 산드라.

Ana Encantada, Ricardo.
엔깐따다, 리까르도.

Ricardo ¿De dónde eres?
데 돈데 에레스?

Ana Soy de América.
소이 데 아메리까.

새 단어
compañero/a *m.f.* 동료
amigo/a *m.f.* 친구

새 표현
¿Qué tal? 잘 지냈어? (비존칭)

추가 어휘 Vocabulario

직업

estudiante
학생

enfermero/a
간호사

médico/a, doctor/a
의사

actor/actriz
배우

policía
경찰

maestro/a, profesor/a
선생님

oficinista
사무원

ingeniero/a
엔지니어

cantante
가수

camarero/a
종업원

형용사 (1)

ser 동사와 함께 쓰여 주어의 외모, 성격을 나타내는 형용사

alto/a
키가 큰, 높은

bajo/a
키가 작은, 낮은

guapo/a, bonito/a
예쁜, 잘생긴

feo/a
못생긴

grande
큰, 커다란

pequeño/a
작은

bueno/a
착한

malo/a
나쁜

simpático/a, amable
친절한

antipático/a
불친절한

연습문제 Práctica

1 주어진 단어를 사용하여 〈보기〉와 같이 문장을 만들어 보세요.

Lola		inteligente
1) Rosa y Andrés		enfermero/a
2) Carmen y yo	ser 동사	de España
3) Raúl		serio/a
4) Luis y yo		estudiante

| 보기 | Lola es inteligente.

1) _____.

2) _____.

3) _____.

4) _____.

2 각 그림이 가리키는 사물을 알맞은 지시사를 사용하여 말해 보세요.

| libros   bolso   llaves   balón   gafas   paraguas |

1)   2)   3)

4)   5)   6)

단어 libro *m.* 책   bolso *m.* 가방   llave *f.* 열쇠   balón *m.* 공   gafas *f.* 안경   paraguas *m.* 우산   inteligente 똑똑한, 영리한

③ 다음 표를 보고 각 질문에 답해 보세요.

이름	국적	직업	성격	외모
María	americana	profesora de inglés	buena	alta y delgada
Juan	mexicano	actor	sociable	guapo
Minsu	coreano	estudiante	serio	bajo
Kiyomi	japonesa	enfermera	amable	un poco gorda

1) ¿Quién es la profesora de inglés? ¿Cómo es ella?
   _____.

2) ¿De dónde es Juan?
   _____.

3) ¿Cómo es Kiyomi? ¿De dónde es ella?
   _____.

4) ¿Quién es el actor mexicano? ¿Cómo es él?
   _____.

단어   sociable 사교적인   serio/a 진지한   delgado/a 날씬한   gordo/a 뚱뚱한

④ 문제를 듣고 각 설명에 맞는 인물을 골라 보세요. 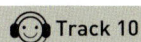 Track 10

ⓐ    ⓑ    ⓒ    ⓓ

1) _____   2) _____   3) _____   4) _____

문화 Cultura

스페인의 모든 것

스페인은 유럽의 서쪽, 이베리아 반도에 위치하고 있는 국가입니다. 스페인의 정식 국명은 '스페인 왕국(Kingdom of Spain)', 스페인어로는 Reino de España라고 합니다. 국토 면적은 505,370km²로, 이는 한반도의 약 2배 정도되는 크기이고, 인구는 약 4,700만 명으로, 라틴계 스페인인이 대부분이며 원주민인 이베리아인, 로마인, 게르만인, 아랍인 등 다양한 민족이 섞여 있으며 90% 이상의 국민들이 카톨릭교를 믿고 있습니다.

1936년 쿠데타 이후 독재체제를 유지하던 프랑코 장군이 1975년 사망하면서 후안 까를로스 1세가 국왕으로 즉위하며 입헌군주국이 되었고, 2014년 그의 아들인 펠리페 6세가 왕위를 계승하였습니다.

실질적으로 내각은 임명된 총리가 정부주석으로서의 임무를 수행하고 있으며, 국왕도 직접 통치를 하지는 않지만 왕실 공식 업무뿐만 아니라 스페인을 세계에 알리는 외교업무도 수행하고 있어 없어서는 안될 존재입니다.

스페인은 1년 내내 날씨가 좋기로 알려져 있는데, 기온과 강우량은 지역에 따라 차이가 있습니다. 중부 지역인 수도 마드리드의 경우 겨울에는 영상 6도, 여름은 영상 30도 정도의 평균기온을 유지하며, 지중해와 접해있는 남부 및 동부는 여름철에 영상 40도를 웃돌기도 하지만 대체적으로 온화한 날씨를 유지합니다. 바르셀로나가 위치해 있는 동부 지역의 경우 겨울에는 따뜻하고 여름은 강렬한 태양을 즐길 수 있는 곳이라 1년 내내 많은 관광객들이 방문하는 곳이며, 올리브, 포도, 오렌지, 커피가 재배되는 남부 지역 또한 날씨가 좋기로 유명합니다.

스페인은 손꼽히는 세계적인 관광대국으로 알려져 있습니다. 기후적인 장점을 비롯하여 천혜의 자연환경을 자랑함과 동시에 중세 로마와 이슬람, 기독교 문명의 역사가 남긴 수많은 문화유산을 가지고 있습니다. 뿐만 아니라, 지중해 특유의 음식문화와 다양한 축제, 스포츠 문화 등 보고 즐길 거리가 가득한 곳입니다. 한번 방문한 관광객의 80% 이상이 다시 찾는다는, 매력이 넘치는 국가가 바로 스페인입니다.

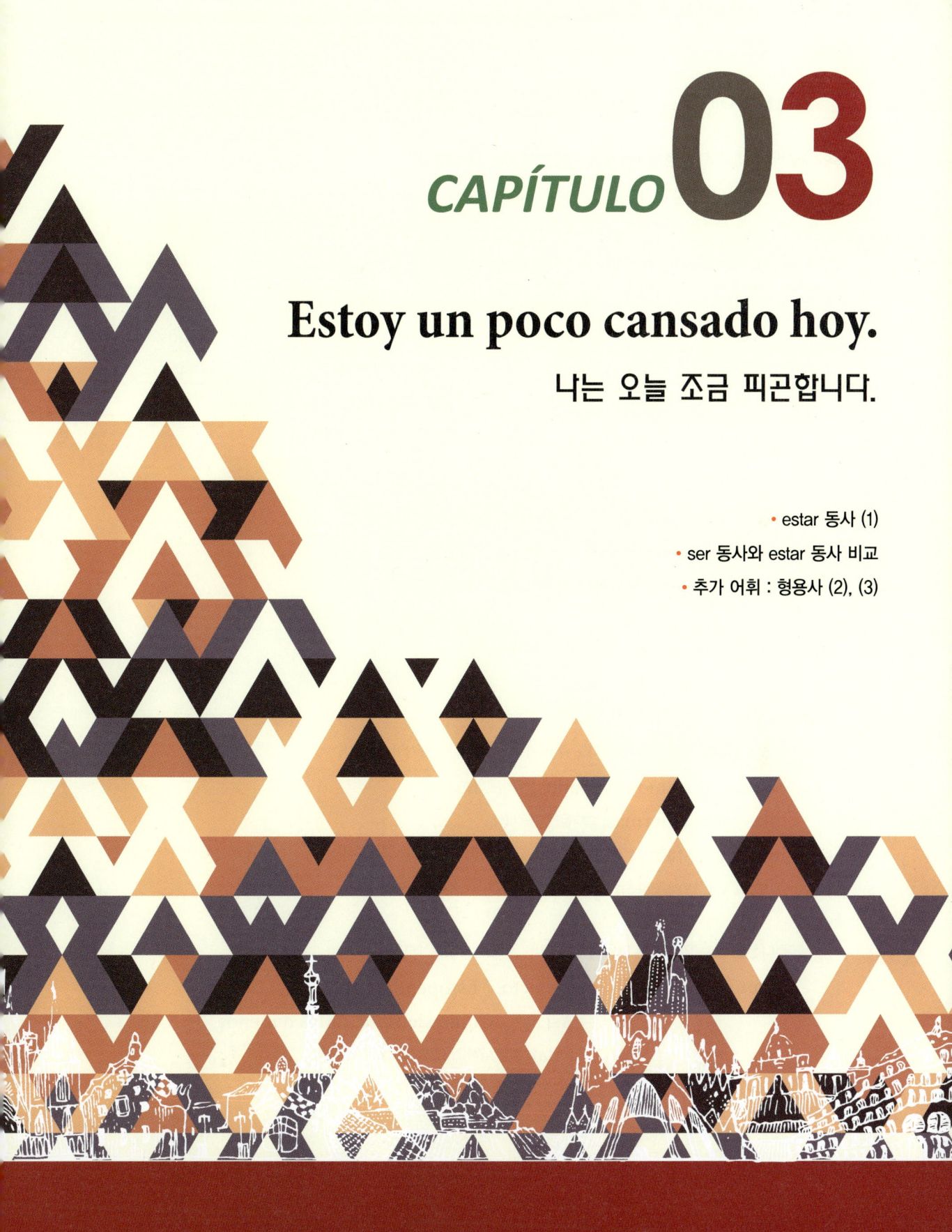

CAPÍTULO 03

Estoy un poco cansado hoy.
나는 오늘 조금 피곤합니다.

- estar 동사 (1)
- ser 동사와 estar 동사 비교
- 추가 어휘 : 형용사 (2), (3)

문법 Gramática

estar 동사 (1)

ser 동사와 마찬가지로 영어의 be 동사에 해당하는 동사입니다.

ser 동사가 주어의 '이름'이나 '국적', '직업', '성격'을 말할 때 사용한다면, estar 동사는 주어의 '상태'나 '위치'를 나타낼 때 사용합니다.

먼저, 주어의 '상태'를 나타내는 방법을 살펴보겠습니다.

인칭대명사	estar 동사	인칭대명사	estar 동사
yo	estoy	nosotros/as	estamos
tú	estás	vosotros/as	estáis
usted, él, ella	está	ustedes, ellos, ellas	están

A: ¿Cómo estás? 너는 컨디션이 어떠니?
B: Estoy muy bien. 나는 매우 좋아.

A: ¿Cómo están ellas? 그녀들은 어떤가요?
B: Están un poco enfermas. 그녀들은 조금 아픕니다.

Yo estoy muy cansada. 나는 매우 피곤합니다.

 주목! Ojo!

- 주어의 상태를 나타내는 형용사도 주어와 성·수를 일치시켜야 합니다.

    Nosotros estamos ocupados. 우리는 바쁩니다.
    Ellas están enfermas. 그녀들은 아픕니다.
    Juan y yo estamos muy ocupados. 후안과 나는 매우 바쁩니다.
    María y Clara están enfermas. 마리아와 끌라라는 아픕니다.

- 컨디션을 묻는 인사에는 다음과 같은 간단한 표현으로도 대답이 가능합니다.

    ¿Cómo estás?   – Perfecto. / Estupendo. 매우 좋아요.
                        – Así así. / Como siempre. / Más o menos. 그저 그래요.
                        – Fatal. 매우 나빠요. (컨디션이 좋지 않아요.)

ser 동사와 estar 동사 비교

ser 동사와 estar 동사를 활용한 예문들을 통해 두 동사의 차이점을 비교해 보세요.

ser 동사 주어의 성격 및 원래 가지고 있는 성질 등을 나타낼 때 사용	estar 동사 주어의 가변적인 상태를 나타낼 때 사용
El salón de clase es grande. 그 교실은 큽니다. María es muy simpática. 마리아는 매우 친절합니다. Juan es alegre. 후안은 활발합니다. Jazmín es alta y delgada. 하스민은 키가 크고 날씬합니다.	El salón de clase está limpio. 그 교실은 깨끗합니다. Estoy cansada. 나는 피곤합니다. Estamos tristes. 우리는 슬픕니다. Carlos está enfermo. 까를로스는 아픕니다.

 주목! Ojo!

ser 동사를 쓰냐 estar 동사를 쓰냐에 따라 뜻이 달라지는 형용사도 있습니다.

ser 동사 +	listo/a rico/a bueno/a malo/a	영리한, 똑똑한 부유한, 풍부한 착한, 훌륭한 나쁜, 훌륭하지 않은	estar 동사 +	listo/a rico/a bueno/a malo/a	준비가 된 맛있는 맛있는, 컨디션이 좋은 아픈, 컨디션이 좋지 않은

Carlos es muy listo. 까를로스는 매우 영리합니다.
¿Estás lista, María? 마리아, 너 준비됐어?
Juan y José son buenos. 후안과 호세는 성격이 착합니다.
Mi madre está mala. 우리 엄마는 편찮으십니다.

Ejercicios 학습한 내용을 바탕으로 다음 우리말을 스페인어로 말해 보세요.

1. 나는 조금 바쁩니다. 그래서 피곤합니다. _____
2. 이 좌석은 비어있나요? _____
3. 아니오, 사용 중입니다. _____

단어 바쁜, 사용 중인 ocupado/a 그래서 por eso 좌석 (el) asiento 자유로운, 비어있는 libre

정답 1. Estoy un poco ocupado/a, por eso estoy cansado/a. 2. ¿Está libre este asiento? 3. No, está ocupado.

회화 Conversación

해석

리까르도: 안녕, 산드라. 기분이 어때?
산드라: 나는 괜찮아, 너는 어때?
리까르도: 오늘 나는 조금 피곤해.
산드라: 어머나! 무슨 일이야?
리까르도: 나 감기에 걸렸어.
산드라: 유감이구나!

Ricardo	Hola, Sandra. ¿Cómo estás? 올라, 산드라. 꼬모 에스따스?
Sandra	Estoy bien, y tú, ¿qué tal? 에스또이 비엔, 이 뚜, 께 딸?
Ricardo	Hoy estoy un poco cansado. 오이 에스또이 운 뽀꼬 깐사도.
Sandra	¡Hombre! ¿Qué te pasa? 옴브레! 께 떼 빠사?
Ricardo	Estoy resfriado. 에스또이 레스프리아도.
Sandra	¡Qué lástima! 께 라스띠마!

새 단어

un poco 조금
cansado/a 피곤한, 지친
resfriado/a 감기에 걸린

새 표현

¡Hombre! 어머나! (남자한테)
¿Qué te pasa? 무슨 일이야?
¡Qué lástima! 유감이구나!

추가 어휘 Vocabulario

형용사 (2)

estar 동사와 쓰여 주어의 기분이나 감정 상태를 나타내는 형용사

aburrido/a 지루한	cansado/a 피곤한	enfermo/a 아픈	triste 슬픈
enojado/a 화가 난	nervioso/a 긴장한	ocupado/a 바쁜	libre 한가한, 자유로운
preocupado/a 걱정하는	feliz/alegre/contento/a 행복한		emocionado/a 감격스러운

 ## 형용사 (3)

음식의 맛을 나타내는 형용사

rico/a, delicioso/a, sabroso/a 맛있는

horrible 맛이 없는

salado/a 짠맛이 나는

ácido/a 신맛이 나는

dulce 단맛이 나는

amargo/a 쓴맛이 나는

soso/a 싱거운

picante 매운

03. Estoy un poco cansado hoy.

연습문제 Práctica

1 다음 빈칸에 알맞은 estar 동사를 넣어 보세요.

1) ¿Cómo _____ usted, Elisa? / _____ bien, gracias.

2) ¿_____ cansado, Carlos? / No, no _____ cansado, _____ aburrido.

3) Hola, ¿cómo _____ tú?

4) ¿Cómo _____ vosotros? / _____ alegres.

5) ¿Cómo _____ el café? / _____ caliente.

단어 caliente 뜨거운

2 다음 그림을 보고 주어진 형용사를 사용하여 질문에 답해 보세요.

| feliz | enojado/a | triste | aburrido/a |

1)  ¿Cómo está Carlos?

_____.

2)  ¿Cómo está Rosa?

_____.

3)  ¿Cómo está el profesor?

_____.

4)  ¿Cómo está Olivia?

_____.

3 다음을 읽고 질문에 답해 보세요.

> Hola, me llamo Pablo. Soy de España y soy profesor de inglés.
> Soy muy simpático y sociable. En estos días estoy muy ocupado por el trabajo.
> Por eso estoy un poco cansado.
>
> 단어 en estos días 요즘, 최근에   por ~때문에   trabajo *m.* 업무, 일   ¿Por qué? 왜?

1) ¿De dónde es Pablo? _____.
2) ¿Cuál es la profesión de Pablo? _____.
3) ¿Cómo es él? _____.
4) ¿Cómo está él en estos días? _____.
5) ¿Por qué está cansado? _____.

단어 por ~때문에   mucho/a 많은   trabajo *m.* 업무, 일

4 문제를 듣고 각 질문에 자신의 내용으로 답해 보세요.   🎧 Track 12

1) _____.
2) _____.
3) _____.
4) _____.
5) _____.

03. Estoy un poco cansado hoy.

문화 Cultura

라틴 아메리카의 모든 것 (I)

라틴 아메리카(Latin America)는 라틴어에 뿌리를 둔 로망스어군의 언어를 쓰는 국가들이 위치한 아메리카 지역을 일컫습니다. 중앙아메리카, 카리브제도 그리고 남아메리카를 아우르며 중남미라고도 부릅니다. 대륙의 총 면적은 2,000만km², 인구는 5억여 명에 달합니다.

중남미 국가라 하면 과테말라, 니카라과, 도미니카공화국, 멕시코, 베네수엘라, 볼리비아, 브라질, 아르헨티나, 에콰도르, 엘살바도르, 온두라스, 우루과이, 칠레, 코스타리카, 콜롬비아, 쿠바, 파나마, 페루 등을 가리킵니다. 이들 중 브라질을 제외한 대부분의 국가들이 스페인어를 공용어로 사용하고 있으며, 포르투갈의 지배를 받았던 브라질은 공용어로 포르투갈어를 사용하고 있습니다.

라틴 아메리카는 '이베로아메리카'라는 별칭으로도 불리는데, 이는 대부분의 국가들이 스페인의 영향을 압도적으로 받아 언어, 종교, 풍속, 습관 등에 많은 공통점을 보이고 있기 때문이라고 볼 수 있습니다.

중남미 각국은 식민지 시대를 거쳐 독립을 이루어 낸 역사적인 공통점을 가지고 있으며, 대부분의 국가들은 식민지 지배의 결과 중산층의 수가 현저히 낮고 대지주인 지배층과 노동자인 빈곤층의 발달로 계층 양극화가 심해 빈부격차가 높은 편입니다.

또한 국민 의식 수준도 그다지 높지 않아 독재정치와 쿠데타 등 정치적 불안이 이어지고 있으며 그로 인해 국민 생활이 안정을 찾지 못하는 것이 현실입니다.

CAPÍTULO 04

¿Dónde está el centro comercial ABC?
ABC 쇼핑몰이 어디에 있나요?

- estar 동사 (2)
- hay 동사
- 추가 어휘 : 공공장소 (1)

문법 Gramática

estar 동사 (2)

estar 동사가 주어의 '상태'에 이어, 주어의 '위치'를 말할 때 사용하는 경우를 살펴보겠습니다.

¿Dónde estás? 넌 어디 있어?   Estoy en casa. 난 집에 있어.

¿Dónde está tu casa? 너네 집은 어디에 있니?   Está cerca de aquí. 여기 근처에 있어.

주목! Ojo!

- 위치를 나타내는 부사

    aquí 여기, ahí 거기, allí 저기, cerca 가까이, lejos 멀리

- 위치를 나타내는 전치사구

sobre/ encima de ~의 위에	debajo de ~의 아래에
a la izquierda de ~의 왼편에	a la derecha de ~의 오른편에
al lado de ~의 옆에	delante de/ enfrente de ~의 앞에/ ~의 맞은편에
detrás de ~의 뒤에	dentro de ~의 안에
fuera de ~의 밖에	cerca de ~의 가까이
lejos de ~의 멀리	entre A y B A와 B 사이에

La botella está **sobre** la mesa. 병은 책상 위에 있다.
La escuela está **al lado de** la librería. 학교는 서점 옆에 있다.
El piso está **enfrente *del** centro comercial. 아파트는 쇼핑몰 맞은편에 있다.
El baño está **fuera de** este edificio. 화장실은 이 건물 밖에 있다.
La iglesia está **cerca *del** hospital. 교회는 병원 가까이에 있다.
España está **lejos de** Corea. 스페인은 한국에서 멀리 (떨어져) 있다.
La escuela está **entre** la iglesia **y** el hospital. 학교는 교회와 병원 사이에 있다.

※ de + el → del, a + el → al 로 줄여 씁니다.

hay (haber) 동사

hay 동사는 haber 동사의 3인칭 단수형 현재동사로, '～이 있다'라는 뜻입니다. hay 동사 뒤에 오는 명사는 다음과 같은 형태로 씁니다.

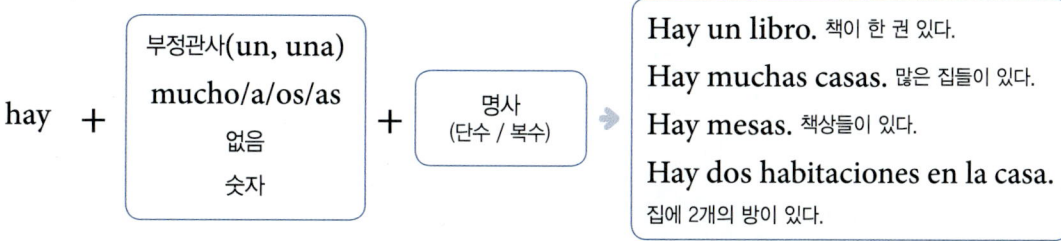

hay + 부정관사(un, una) / mucho/a/os/as / 없음 / 숫자 + 명사(단수 / 복수)

Hay un libro. 책이 한 권 있다.
Hay muchas casas. 많은 집들이 있다.
Hay mesas. 책상들이 있다.
Hay dos habitaciones en la casa. 집에 2개의 방이 있다.

주목! Ojo!

- hay 동사 뒤에 오는 명사는 정관사(el/ la/ los/ las)와 함께 쓰일 수 없습니다.

  Hay un libro sobre la mesa. 테이블 위에 책이 있습니다.
  Hay el libro sobre la mesa. (X)
  Hay unas mesas en la clase. 교실에 몇몇개의 책상이 있습니다.
  Hay las mesas en la clase. (X)

- hay 동사 앞에 no를 붙이면 '～이 없다'는 뜻이 됩니다.

  A: ¿Hay una cama en la habitación? 방에 침대가 있나요?
  B: No, no hay camas en la habitación. 아니요, 방에 침대는 없어요.
  No hay mucha gente en el cine. 영화관에 사람이 많지 않습니다.

  단어 gente f. 사람들 (집합명사 (단수형으로만 사용))

Ejercicios 학습한 내용을 바탕으로 다음 우리말을 스페인어로 말해 보세요.

1. 근처에 커피숍이 있나요? _____
2. 사무실은 어디에 있나요? _____
3. 약국은 병원 옆에 있습니다. _____

단어 근처에 por aquí / cerca de aquí   커피숍 (la) cafetería   사무실 (la) oficina   약국 (la) farmacia   병원 (el) hospital

정답 | 1. ¿Hay una cafetería por aquí (cerca de aquí)?   2. ¿Dónde está la oficina?   3. La farmacia está al lado del hospital.

회화 Conversación

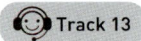

해석

리까르도: 실례합니다. ABC 쇼핑몰이 어디에 있나요?
아저씨: 이뽈리또 병원 옆에 있어요.
리까르도: 사실 저는 이 도시가 처음이거든요. 여기에서 멀리 있나요?
아저씨: 아니요, 가까이에 있습니다. 두 블록 정도면 되요.
리까르도: 너무 감사합니다. 대단히 친절하시군요.
아저씨: 별말씀을요. 안녕히 가세요.

Ricardo Disculpe señor, ¿dónde está el centro comercial ABC?
디스꿀뻬 세뇨르, 돈데 에스따 엘 쎈뜨로 꼬메르씨알 아베쎄?

Señor Está al lado del hospital Hipólito.
에스따 알 라도 델 오스삐딸 이뽈리또.

Ricardo La verdad es que yo soy nuevo en esta ciudad.
라 베르닫 에스 께 요 소이 누에보 엔 에스따 씨우닫.

¿Está lejos de aquí?
에스따 레호스 데 아끼?

Señor No, está muy cerca como a dos cuadras.
노, 에스따 무이 쎄르까 꼬모 아 도스 꾸아드라스.

Ricardo Muchas gracias señor. Es muy amable.
무챠스 그라씨아스 세뇨르. 에스 무이 아마블레.

Señor De nada, adiós.
데 나다, 아디오스.

새 단어

centro comercial *m.* 쇼핑몰
hospital *m.* 병원
nuevo/a 새로운
ciudad *f.* 도시
cuadra *f.* 블록

새 표현

Disculpe 실례합니다만,
La vardad es que 사실은
como a 대략

추가 어휘 Vocabulario

공공장소 (1)

(el) parque 공원	(el) banco 은행
(el) hospital 병원	(el) correo postal 우체국
(el) gimnasio 헬스장	(la) escuela 학교
(la) universidad 대학교	(la) tienda 상점, 가게
(el) supermercado 슈퍼마켓	(la) farmacia 약국
(el) centro comercial 쇼핑몰	(la) biblioteca 도서관
(la) iglesia 성당, 교회	(el) cine 영화관
(el) teatro 극장	(el) aparcamiento 주차장
(el) piso 아파트	(la) casa 집
(la) librería 서점	(la) cafetería 커피숍

04. ¿Dónde está el centro comercial ABC? 55

연습문제 Práctica

1 다음 빈칸에 알맞은 동사를 골라 대화를 완성해 보세요.

Cristina: Hola, Julio. ¿Cómo 1) _____? (están / estás)

Julio: Hola, Cristina. 2) _____ un poco nervioso. (estamos / estoy)

Cristina: ¿Por qué 3) _____ nervioso? (estás / estoy)

Julio: Es por el examen.

Cristina: Yo también 4) _____ nerviosa. (estamos / estoy)

> 단어   Por qué 왜   examen *m.* 시험   difícil 어려운

2 다음 그림을 보고 고양이의 위치를 말해 보세요.

1)  2)  3)

4)  5)  6)

1) El gato está debajo de la mesa _____.

2) _____.

3) _____.

4) _____.

5) _____.

6) _____.

> 단어   gato *m.* 고양이   pizarra *f.* 칠판   mapa *m.* 지도   reloj *m.* 시계   mochila *f.* 책가방

③ hay 와 estar 동사 중 알맞은 동사를 골라 보세요.

1) (Hay/Está) un paquete para ti. (Hay/Está) en tu habitación.

2) ¿(Hay/Está) leche? – Sí, (hay/está) en la nevera.

3) ¿Qué (hay/está) en la caja?

4) ¿(Hay/Está) una estaición de metro por aquí?

단어 paquete *m.* 소포   para ti 너를 위한   leche *f.* 우유   nevera *f.* 냉장고   caja *f.* 상자   estación de metro *f.* 전철역
¿qué? 무엇   habitación *f.* 방

④ 다음 그림을 보고 각 설명이 참(V)인지 거짓(F)인지 말해 보세요.

1) Hay muchas mesas en la clase. (V , F)

2) El mapa está al lado de la ventana. (V , F)

3) La bandera está cerca de la puerta. (V , F)

4) El cuaderno está debajo de la mesa. (V , F)

5) En la estantería hay muchos libros. (V , F)

단어 ventana *f.* 창문   bandera *f.* 깃발(국기)   puerta *f.* 문   cuaderno *m.* 노트   estantería *f.* 책장   mapa *m.* 지도

⑤ 문제를 듣고 내용에 맞는 그림을 골라 보세요. 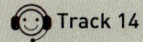 Track 14

ⓐ    ⓑ    ⓒ    ⓓ

1) _____   2) _____   3) _____   4) _____

단어 restaurante *m.* 레스토랑   cosa *f.* 물건, 일, 것

04. ¿Dónde está el centro comercial ABC? 57

문화 Cultura

라틴 아메리카의 모든 것 (II)

우리나라에서 '중남미' 하면 가장 먼저 떠오르는 단어는 '지구의 반대편'입니다. 거리상으로 가장 먼 대륙이기도 하지만, 계절과 밤낮의 변화 또한 모두 반대인 곳이 바로 중남미 대륙입니다.

천혜의 자연환경을 가진 동시에 다양하고 변화무쌍한 중남미는 지구상에서 가장 광대한 열대 밀림이 펼쳐져 있는 곳이기도 하고, 안데스의 고산지대를 따라서는 만년설이 쌓여 있으며, 지구상에서 가장 건조한 사막이 전개되어 있는 대륙이기도 합니다.

세계적으로 소비량이 많은 주요 작물의 생산지로도 중남미를 가장 먼저 떠올리게 됩니다. 커피, 사탕수수 등의 열대 작물이 대량으로 생산되고 있으며, 아르헨티나의 초원 지역에서는 소나 양을 사육하는 대규모 농목업도 이루어지고 있습니다.

또한 다양한 지질 시대의 지층이 분포하고 있어 구리, 리튬, 철광석 등의 광물 자원이 풍부하며, 이러한 지하자원의 수출을 이어가고 있습니다. 자본 및 기술의 부족, 정치적·경제적 불안정 등을 이유로 공업 근대화 속도가 더디지만 개선을 위한 외국자본의 도입과 공업화를 위한 노력을 이어가고 있습니다.

2008년에 남미 12개국 정상들이 브라질 수도 브라질리아에서 정상회담을 가진 후, 남미판 유럽연합(EU)이라 일컬어지는 남미국가연합(UNASUR)이라는 기구를 창설하여 정치, 경제적 통합체로의 발전을 모색하고 있습니다. 아직 실질적인 통합을 위해 넘어야 할 산도 많지만, 남미 국가들이 공통으로 겪고 있는 인프라 부족과 빈부격차에서 비롯된 사회문제 등 진정한 남미 통합을 위한 과제들을 먼저 해결하고자 노력 중입니다.

라틴 아메리카 국가들 중 스페인어를 사용하는 인구가 가장 많은 국가는 멕시코입니다. 총 인구는 약 1억 2천만명 정도이며, 국민의 80% 이상이 유럽인과 원주민 인디언 사이의 혼혈이며 나머지는 토착민들과 원주민들로 구성되어 있습니다. 스페인에 정복당하기 훨씬 이전부터 원주민 인디언에 의한 역사가 시작되고 있었던 곳으로, 독립 후 원주민 인디언 문화와 스페인 문화가 융합된 멕시코만의 문화를 형성하여 라틴 아메리카 중에서도 많은 관광객들이 방문하고 있는 국가이기도 합니다.

CAPÍTULO 05

Hoy es el cumpleaños de mi madre.

오늘은 제 어머니 생신입니다.

- 소유형용사
- 날짜 표현
- 요일 표현
- 추가 어휘 : 숫자 0~100 (기수), 가족

 ## 문법 Gramática

소유형용사

소유형용사는 명사를 수식하는 위치에 따라 '전치형'과 '후치형'으로 나뉩니다.

소유자		전치형		후치형	
		단수	복수	단수	복수
단수	yo	mi	mis	mío/a	míos/as
	tú	tu	tus	tuyo/a	tuyos/as
	usted, él, ella	su	sus	suyo/a	suyos/as
복수	nosotros/as	nuestro/a	nuestros/as	nuestro/a	nuestros/as
	vosotros/as	vuestro/a	vuestros/as	vuestro/a	vuestros/as
	ustedes, ellos, ellas	su	sus	suyo/a	suyos/as

Mi madre es muy buena. 나의 어머니는 매우 좋은 분이십니다. (= La madre **mía** es muy buena.)
¿Cuál es **su** nombre? 당신의 이름은 어떻게 되나요? (= ¿Cuál es el nombre **suyo**?)
Mi nombre es Marcela. 나의 이름은 마르셀라입니다. (= El nombre **mío** es Marcela.)

 주목! Ojo!

소유형용사는 피소유물과 반드시 성·수를 일치시켜야 합니다.

mi casa	mis casas	la casa mía	las casas mías
tu libro	tus libros	el libro tuyo	los libros tuyos
su bolso	sus bolsos	el bolso suyo	los bolsos suyos
nuestro coche	nuestros coches	el coche nuestro	los coches nuestros
vuestra amiga	vuestras amigas	la amiga vuestra	las amigas vuestras
su hijo	sus hijos	el hijo suyo	los hijos suyos

단어 casa *f.* 집 libro *m.* 책 bolso *m.* 가방 coche *m.* 자동차 amigo/a *m.f.* 친구 hijo/a *m.f.* 딸, 아들

날짜 표현

• 월(Los meses)

enero 1월	febrero 2월	marzo 3월	abril 4월
mayo 5월	junio 6월	julio 7월	agosto 8월
septiembre 9월	octubre 10월	noviembre 11월	diciembre 12월

날짜를 말할 때에는, '일 + de + 월'의 형태로, '일'을 먼저 말하고, '월'을 뒤에 말합니다.

A: ¿A qué estamos hoy? 오늘은 며칠인가요?
B: (Hoy) Estamos a 4 de marzo. 3월 4일입니다.

단, 날짜들 중 1일은 기수 uno를 쓰지 않고, 서수 primero를 씁니다.

El Día del Trabajo es el primero de mayo. 노동절은 5월 1일입니다.

▼ 요일 표현

- 요일(Los días)

| lunes 월요일 | martes 화요일 | miércoles 수요일 | jueves 목요일 |
| viernes 금요일 | sábado 토요일 | domingo 일요일 | |

¿Qué día es hoy? 오늘은 무슨 요일인가요?   Hoy es lunes. 오늘은 월요일입니다.

 주목! Ojo!

'~요일에'라고 특정 요일을 말할 때는 요일명 앞에 정관사 el을 씁니다.(요일명은 모두 남성명사) '~요일마다'라는 반복의 의미를 표현할 때는 정관사 el을 복수형으로 바꿔 'los + 요일명'으로 씁니다. 단, sábado(토요일), domingo(일요일)의 경우에는 요일명도 -s를 붙여 복수형으로 써야 합니다.

> el + 요일명: ~요일에   los + 요일명: ~요일마다

El lunes no hay clase. 월요일에는 수업이 없습니다.
Los miércoles hay muchas clases. 수요일마다 수업이 많습니다.
La tienda está cerrada los domingos. 그 상점은 일요일마다 문이 닫혀있습니다.

Ejercicios 학습한 내용을 바탕으로 다음 우리말을 스페인어로 말해 보세요.

1. 오늘은 6월 15일입니다.   _____
2. 오늘은 화요일입니다.   _____
3. 나의 생일은 10월 1일입니다. _____

 생일 (el) cumpleaños

정답 | 1. Hoy es el quince de junio.   2. Hoy es martes.   3. Mi cumpleaños es el primero de octubre.

회화 Conversación

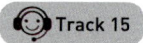

해석

리까르도: 산드라! 오늘이 무슨 요일이지?
산드라: 오늘 화요일이야.
리까르도: 그럼, 오늘이 며칠인 거지?
산드라: 5월 10일. 왜 무슨 일 있어?
리까르도: 이런! 오늘 우리 엄마 생신이야.
산드라: 축하해! 엄마랑 좋은 시간 보내.

Ricardo Sandra. ¿Qué día es hoy?
산드라. 께 디아 에스 오이?

Sandra Hoy es martes.
오이 에스 마르떼스.

Ricardo Entonces ¿a qué estamos hoy?
엔똔쎄스 아 께 에스따모스 오이?

Sandra Estamos, a diez de mayo. ¿Por qué? ¿Qué te pasa?
에스따모스, 아 디에쓰 데 마요. 뽀르 께? 께 떼 빠사?

Ricardo ¡Dios mío! Hoy es el cumpleaños de mi madre.
디오스 미오! 오이 에스 엘 꿈쁠레아뇨스 데 미 마드레.

Sandra ¡Felicidades! Que pases buen tiempo con tu mamá.
펠리씨다데스! 께 빠세스 부엔 띠엠뽀 꼰 뚜 마마.

새 단어

cumpleaños *m.* 생일
madre, mamá *f.* 어머니

새 표현

¡Dios mío! 이런! 이럴수가!
(=Oh my god!)
¡Felicidades! 축하해!
Que pases buen tiempo con ~
~와 함께 좋은 시간 보내!
(tú인칭을 쓸 수 있는 상대에게 하는 표현)

추가 어휘 Vocabulario

숫자 0 ~ 100 (기수)

0	cero	11	once	21	veintiuno	31	treinta y uno
1	uno	12	doce	22	veintidós	32	treinta y dos
2	dos	13	trece	23	veintitrés	33	treinta y tres
3	tres	14	catorce	24	veinticuatro	40	cuarenta
4	cuatro	15	quince	25	veinticinco	50	cincuenta
5	cinco	16	dieciséis	26	veintiséis	60	sesenta
6	seis	17	diecisiete	27	veintisiete	70	setenta
7	siete	18	dieciocho	28	veintiocho	80	ochenta
8	ocho	19	diecinueve	29	veintinueve	90	noventa
9	nueve	20	veinte	30	treinta	100	cien
10	diez						

가족

(el) abuelo	할아버지	(el/la) hermano/a	형제, 자매
(la) abuela	할머니	(el/la) tío/a	삼촌, 고모(이모/숙모)
(los) abuelos	조부모님	(el/la) primo/a	사촌
(el) padre	아버지	(el/la) hijo/a	아들, 딸
(la) madre	어머니	(el/la) sobrino/a	조카
(los) padres	부모님	(el/la) nieto/a	손주

연습문제 Práctica

1 그림을 보고 질문에 답해 보세요.

5월 mayo	Dom	Lun	Mar	Mié	Jue	Vie	Sáb
						1 마리아 생일	2
	3	4	5	6	7	8 어버이날	9
	10	11	12	13 시험	14	15	16
	17	18	19	20	21 파티	22	23
	24 / 31	25	26	27	28	29	30

1) ¿Cuándo es el cumpleaños de María? _____.

2) ¿Qué día es el Día de los Padres? _____.

3) ¿Qué fecha es el examen? _____.

4) ¿Qué fecha es la fiesta? _____.

5) ¿Qué día es el 27? _____.

단어 cumpleaños *m.* 생일   Día de los Padres *m.* 어버이날   examen *m.* 시험   fiesta *f.* 파티

2 다음 빈칸에 알맞은 소유형용사를 넣어 문장을 완성해 보세요.

1) Esta es _____ esposa. 이 사람은 나의 부인입니다.

2) Aquí están _____ hermanos. 여기에 나의 형제들이 있습니다.

3) ¿Cómo está _____ padre? 너의 아버지는 어떻게 지내시니?

4) ¿Dónde están _____ padres? 당신의 부모님은 어디에 계시나요?

5) _____ hijos están enfermos. 우리 아이들은 아픕니다.

6) ¿Cómo están _____ padres? 너의 부모님은 어떻게 지내시니?

7) _____ casa está lejos de aquí. 우리들의 집은 여기서 멀리 떨어져 있습니다.

8) _____ libros están sobre la mesa. 그의 책들이 책상 위에 있습니다.

3 다음 그림을 보고 빈칸에 알맞은 소유형용사를 넣어 보세요.

Hola. Me llamo Rosa Santos. Soy estudiante de la Universidad. Hay cuatro personas en 1)_____ familia. 2)_____ padre se llama Julio y 3)_____ madre se llama Marta. 4)_____ padres son muy simpáticos. 5)_____ hermano se llama Alfonso y 6)_____ esposa se llama Claudia. 7)_____ hijos son Diego y Sofía. Nosotros somos una familia muy feliz.

단어 esposa *f.* 부인

4 문제를 듣고 받아써 보세요.   Track 16

1) _____ 2) _____

3) _____ 4) _____

5) _____ 6) _____

7) _____ 8) _____

9) _____ 10) _____

05. Hoy es el cumpleaños de mi madre.

문화 Cultura

마드리드 vs. 바르셀로나

여러 개의 왕국으로 나뉘어 있던 스페인은 15세기에 마드리드를 포함한 까스띠야 왕국의 이사벨 1세와 바르셀로나를 포함한 까딸루냐, 아라곤 왕국의 페르난도 2세의 결혼을 통해 스페인 왕국으로 통일이 되었습니다. 그 후 1492년, 아랍세력을 축출하고 콜럼버스가 신대륙을 발견하는 등 해가 지지 않는 나라로서의 전성시대 서막을 올리게 됩니다.

통일 이후 각 왕국의 수장들은 공동으로 정치력을 행사하였으나, 두 왕의 사망 이후 스페인 왕국의 왕위가 까스띠야 왕국 혈통에게 계승되었고, 이때부터 까딸루냐(바르셀로나) 지방이 점점 정치적으로 소외되기 시작했습니다. 사실, 통일 이전부터 까스띠야 왕국의 국력이 상대적으로 강했던 탓에 까딸루냐가 소외된 점도 있고, 신대륙 발견 이후 스페인이 누렸던 대부분을 주로 까스띠야 왕국 지역에서만 누림으로써 소외감이 더 고조된 점도 있습니다.

이 두 지방의 갈등이 극에 달했던 것은 1936년부터 1939년까지 3년 간 펼쳐진 스페인 내전 시기였습니다. 상대적으로 공업이 발달했던 까딸루냐 지방은 노동자 계층이 많아서 공산주의 사상이 많이 유입된 반면, 마드리드를 포함한 까스띠야 지방은 수도권 특성상 귀족층이 많아 보수적인데다 농장 중심의 경제체제를 형성하고 있었기 때문에 공산주의에 반하는 우파 세력이 강했습니다. 결국 까딸루냐로 대표되는 좌파 세력과 까스띠야를 중심으로 한 우파세력이 이념을 놓고 전쟁을 벌인 것이 바로 스페인 내전입니다. 스페인 내전은 결국 프란시스꼬 프랑꼬가 지휘하는 우파 세력의 승리로 종식되었고, 이후 스페인은 우파 국가로 프랑꼬의 독재정치 하에 국정이 운영되었습니다.

물론 좌파 세력의 중심지였던 까딸루냐 지방은 차별과 탄압의 대상이 되었습니다. 그들의 언어인 까딸루냐어 사용이 금지되고, 다른 지방 사람들로부터 무시당하기 일수였습니다. 하여 지금까지도 까딸루냐인들은 프란시스꼬 프랑꼬의 이름을 내뱉는 것 조차 혐오하고 있으며, 마드리드 사람들 또한 까딸루냐인들을 그다지 좋아하지 않습니다. 오랜 세월 갈등을 빚어온, 까딸루냐의 반항의 역사 때문입니다.

까딸루냐인들은 자신들이 스페인과 다른 훨씬 우월한 문화를 가진 민족이라는 자긍심이 매우 강하며, 그렇다 보니, 다른 지역들과 점점 멀어져 정신적으로도 분리되어 가고 있는 상황입니다. 현재 까딸루냐를 비롯한 바스크 지역은 타 지역에 비해 경제적으로 부유하나, 스페인 경제 악화로 까딸루냐 또한 경제적인 어려움을 느끼기 시작하자 선거를 통해 분리 독립을 요구하고 있는 상황이지만 독립 여부는 미지수입니다.

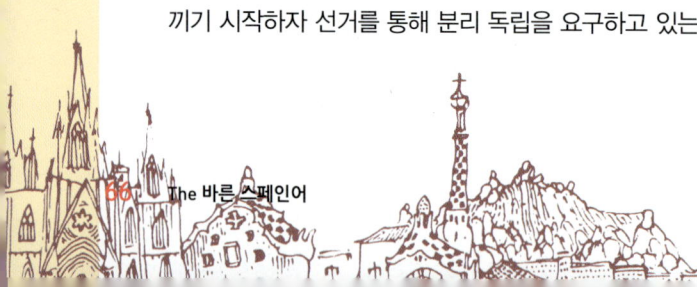

CAPÍTULO 06

Nosotros estudiamos español.
우리는 스페인어를 공부합니다.

- -ar/-er/-ir 현재형 규칙동사
- 소유대명사
- 추가 어휘 : 규칙동사, 의문사

문법 Gramática

-ar, -er, -ir 현재형 규칙동사

스페인어의 동사는 어미에 따라 -ar, -er, -ir 세 가지 그룹으로 나뉘며, 이 어미가 인칭에 따라 어떻게 변하느냐에 따라 규칙동사와 불규칙동사로 나뉩니다. 먼저, 규칙동사에 대해 알아보겠습니다.

인칭대명사	-ar형 : hablar 말하다	-er형 : leer 읽다	-ir형 : escribir 쓰다
yo	habl-o	le-o	escrib-o
tú	habl-as	le-es	escrib-es
usted, él, ella	habl-a	le-e	escrib-e
nosotros/as	habl-amos	le-emos	escrib-imos
vosotros/as	habl-áis	le-éis	escrib-ís
ustedes, ellos, ellas	habl-an	le-en	escrib-en

Yo hablo coreano. 나는 한국어를 말합니다.
¿Hablas español? 너는 스페인어를 말하니?
Nosotros leemos el periódico. 우리는 신문을 읽습니다.
Yo escribo una canción. 나는 곡을 씁니다.
Nosotros escribimos unas cartas. 우리는 몇 통의 편지를 씁니다.

 주목! Ojo!

다음 동사들은 1인칭 단수형만 불규칙으로 변합니다.

dar 주다	hacer 하다, 만들다	ver 보다	coger 타다, 잡다	poner 놓다, 입히다, 켜다	traer 가지고 오다
doy	hago	veo	cojo	pongo	traigo
das	haces	ves	coges	pones	traes
da	hace	ve	coge	pone	trae
damos	hacemos	vemos	cogemos	ponemos	traemos
dais	hacéis	veis	cogéis	ponéis	traéis
dan	hacen	ven	cogen	ponen	traen

Yo hago ejercicio por la mañana. 나는 오전에 운동을 합니다.
Yo cojo el metro todos los días. 나는 매일 전철을 탑니다.
No pongo la televisión. 나는 TV를 켜지 않습니다.

소유대명사

'〜의 것' 이라는 의미의 소유대명사는 소유형용사 후치형과 동일한 형태로 씁니다.

p.60 소유형용사 후치형 참조

Este coche es mío. 이 자동차는 나의 것입니다.
¿Es tuya esta bicicleta? 이 자전거가 너의 것이니?
No, no es mía. Es de Juan. 아니, 내 것이 아니야. 그것은 후안의 것이야.

※ 다음의 경우에는 반드시 소유대명사 앞에 정관사를 붙여써야 합니다.

1) 주어로 쓰일 경우

El mío es este coche. ¿Y el tuyo? 내 것이 이 자동차야. 네 것은?

2) 명사의 중복을 피하기 위한 경우

Mi hijo toca el piano y el suyo (su hijo (X)) lee el libro.
내 아들은 피아노를 치고, 그의 아들은 책을 읽습니다.

3) 여러 개 중 선택하는 개념으로 표현할 경우

A: ¿Cuál es tu cartera? 어떤 것이 네 지갑이야?
B: La blanca es la mía. 흰 것이 나의 것이야.

 주목! Ojo!

'나의 것', '그녀의 것' 등과 같이 소유자를 대명사로 나타내는 경우와 달리, '누구의 것'이라고 소유자를 구체적으로 밝힐 경우에는 'ser 동사 + de + 소유자'의 형태를 씁니다.

Estos libros son de Clara. 이 책들은 끌라라의 것입니다.
¿De quién es esta cartera? 이 지갑은 누구의 것인가요?

Ejercicios 학습한 내용을 바탕으로 다음 우리말을 스페인어로 말해 보세요.

1. 너는 지금 무엇을 쓰니? _____
2. 우리들은 스페인어로 말합니다. _____
3. 나는 내 신문을 읽고, 너는 너의 신문을 읽습니다. _____

 지금 ahora   스페인어로 en español

정답 | 1. ¿Qué escribes (tú) ahora?   2. Nosotros hablamos en español.   3. Yo leo mi periódico y tú lees el tuyo.

회화 Conversación

해석

리까르도: 산드라, 이번 주말에 같이 공부할래?
산드라: 그래, 좋아
리까르도: 그리고 나서 우리 학교 근처 음식점에서 점심 먹자.
산드라: 그래, 좋은 생각이다.
리까르도: 그럼 토요일에 만나!
산드라: 나중에 보자.

Ricardo   Sandra, ¿estudiamos juntos este fin de semana?
산드라, 에스뚜디아모스 훈또스 에스떼 핀 데 세마나?

Sandra   Si, está bien.
씨, 에스따 비엔.

Ricardo   Y luego comemos en un restaurante cerca de la escuela.
이 루에고 꼬메모스 엔 운 레스따우란떼 쎄르까 데 라 에스꾸엘라.

Sandra   Vale. Es buena idea.
발레. 에스 부에나 이데아.

Ricardo   Entonces nos vemos el sábado.
엔똔쎄스 노스 베모스 엘 사바도.

Sandra   Hasta luego.
아스따 루에고.

새 단어

juntos 함께
fin de semana *m.* 주말
entonces 그럼, 그러면

새 표현

Vale. 좋아, OK.
Nos vemos. 우리 만나자.
Es buena idea. 좋은 생각이야.

추가 어휘 Vocabulario

▸ 규칙동사

• -ar형 규칙동사

trabajar 일하다	estudiar 공부하다	caminar 걷다	bailar 춤추다
cantar 노래하다	cocinar 요리하다	comprar 사다	enseñar 가르치다
tomar 마시다, 타다	cambiar 바꾸다	viajar 여행하다	llevar 가지고 가다, 착용하다
llegar 도착하다	escuchar 듣다	llamar 부르다	reservar 예약하다
pasar 통과하다, 지나다	desayunar 아침 식사하다	cenar 저녁 식사하다	tocar 만지다, 연주하다

• -er형 규칙동사

aprender 배우다	beber 마시다	vender 팔다
correr 달리다	comer 먹다	comprender 이해하다

• -ir형 규칙동사

vivir 살다	subir 오르다	abrir 열다	permitir 허락하다
compartir 나누다	decidir 결정하다	recibir 받다, 수여하다	partir 떠나다

▸ 의문사

Cómo 어떻게	Dónde 어디	Cuál, Cuáles 어느 것	Por qué 왜
Cuándo 언제	Qué 무슨, 무엇을	Cuánto, Cuánta, Cuántos, Cuántas 얼마나, 얼만큼	
Quién, Quiénes 누가			

1. **Cuál**은 단수, **Cuáles**는 복수 명사 앞에 사용합니다.
   ¿Cuáles son tus plumas? 어떤 것들이 너의 펜들이니?

2. ¿**Cuánto** + 동사 ~? 의 형태로, '(양이나 값이) 얼마, 어느 정도'(how much)인지 물을 때 사용합니다.
   ¿Cuánto es? 얼마예요?

3. **Cuánto**는 의문형용사로, 뒤에 오는 명사에 따라 ¿Cuánto/a/os/as + 명사 ~?의 형태로 써서, '얼마나 많은 명사~' (how many)의 질문으로 활용합니다.
   ¿Cuántos libros lees normalmente? 보통 얼마나 많은 책을 읽어?

4. **Quién**은 단수, **Quiénes**는 복수 명사에 대해 물을 때 사용합니다.
   ¿Quiénes son los jóvenes de la foto? 사진에 있는 젊은이들은 누구인가요?

연습문제 Práctica

1 주어진 주어와 동사를 사용하여 각 인물들의 동작을 설명해 보세요.

1) (Ella, escribir una nota)

_____.

2) (Nosotros, cantar juntos)

_____.

3) (Yo, hacer ejercicio)

_____.

4) (Tú, montar en bicicleta)

_____.

단어 nota *f.* 필기, 메모, 노트   juntos 함께   montar en bicicleta 자전거를 타다

2 주어진 주어와 동사에 어울리는 말을 골라 문장을 완성해 보세요.

| el español   la limonada   una carta   en la ciudad   el periódico |

1) (Yo, aprender) _____.

2) (Nosotras, escribir) _____.

3) (Él, vivir) _____.

4) (Ellas, beber) _____.

5) (Tú, leer) _____.

단어 limonada *f.* 레몬에이드   carta *f.* 편지   ciudad *f.* 도시   periódico *m.* 신문

3 다음 문장을 〈보기〉와 같이 소유대명사를 이용하여 바꿔 보세요.

| 보기 | Mi cartera es nueva, pero tu cartera es vieja.
⇒ Mi cartera es nueva, pero la tuya es vieja.

1) Mis camisas están sucias, pero tus camisas están limpias.
   ⇒ _____.

2) Nuestro coche es coreano, pero su coche es alemán.
   ⇒ _____.

3) Mi maleta es pequeña, pero tu maleta es grande.
   ⇒ _____.

4) Tu libro es interesante, pero mi libro es aburrido.
   ⇒ _____.

5) Mi falda es roja y tu falda es amarilla.
   ⇒ _____.

단어 cartera *f.* 지갑, 서류가방   maleta *f.* 여행용가방   falda *f.* 치마   rojo/a 빨강색의   amarillo/a 노랑색의   camisa *f.* 셔츠

---

4 문제를 듣고 빈칸(ⓐ~ⓔ)을 채워 보세요. 🎧 Track 18

이름	1) ⓐ	2) José y Pilar		3) Maria y Ana	
사는 곳	Madrid	ⓒ		Buenos Aires	
일하는 곳	ⓑ	José	Pilar	María	Ana
		ⓓ	guardería	ⓔ	estudiante

단어 fábrica *f.* 공장   guardería *f.* 탁아소, 어린이집

문화 Cultura

나 자신을 되돌아 보게 되는 곳, 산티아고 순례길 (Camino de Santiago)

프랑스 남쪽 생장피드포르에서 피레네 산맥을 넘어 예수의 열 두 제자 중 하나였던 야고보의 무덤이 있는 스페인 북서쪽 도시 산티아고 데 꼼뽀스뗄라(Santiago de Compostela)로 가는 길을 말합니다. 산티아고(Santiago)는 야고보의 스페인식 이름, 까미노(Camino)는 영어 way에 해당하는 스페인어로, 이를 합쳐 Camino de Santiago라 부르며, 길이는 약 800 km입니다.

산티아고 순례길이 세계적으로 유명세를 타기 시작한 것은 1980년대 후반부터였습니다. 1982년, 교황이 산티아고를 방문함으로써 산티아고 순례에 대한 유럽 카톨릭 신자들의 관심이 커지기 시작했고, 1987년, 유럽연합이 이 순례길을 유럽의 첫 번째 문화 유산으로 지정한 것도 영향을 미쳤습니다. 1993년 유네스코 세계문화유산으로 지정된 이후 이 곳을 방문하려는 사람들이 날로 늘어났고, 작가 '파울로 코엘료'가 산티아고 길을 걷고 난 후 발표한 '연금술사'가 세계적인 베스트 셀러가 되면서 더욱 유명해졌습니다.

처음에는 카톨릭 신자들의 성지 순례길로 유명했으나, 현재는 종교에 관계 없이 전세계인들이 방문하고 있으며, 보통 완주하는 데 한 달 정도가 소요됩니다. 우리의 제주 올레길도 이 길을 벤치마킹 했다고 합니다.

산티아고 순례길의 성수기는 산티아고 성인의 날인 7월 25일을 전후로 한 여름이며, 진정한 순례길을 느끼기에 가장 좋은 시기는 여름과 겨울을 제외한 4~6월, 9~11월입니다.

오늘날 세계 각지에서 산티아고 순례길을 찾는 이들은 바쁘고 복잡한 일상에서 벗어나 길을 걸으며 혼자만의 시간을 통해 자아를 되돌아 볼 기회가 된다는 점에 의미를 부여한다고 합니다.

CAPÍTULO 07

Queremos ver una película.
우리는 영화를 한 편 보고 싶습니다.

- 불규칙동사 querer
- 불규칙동사 tener
- 추가 어휘 : 불규칙동사 (1)

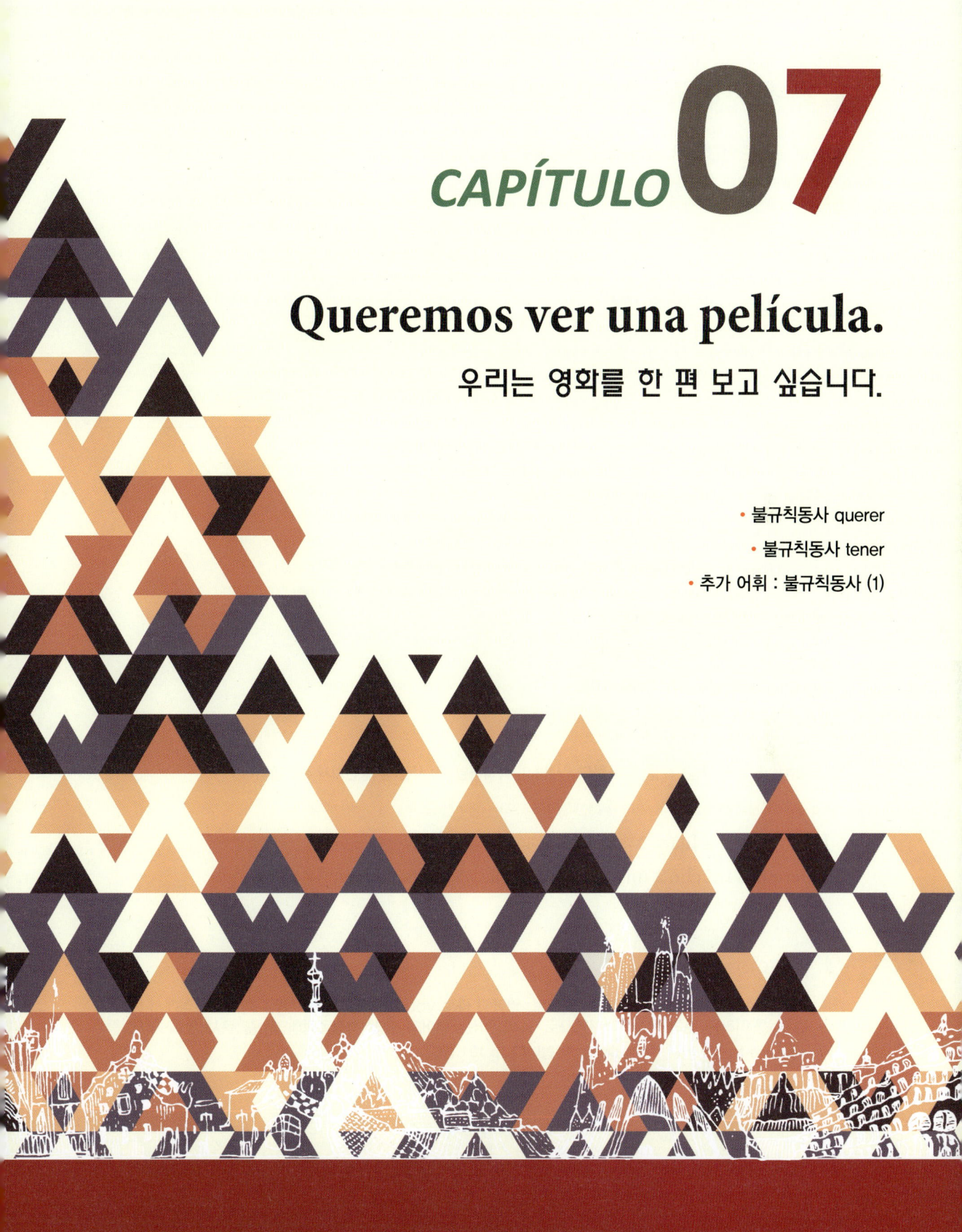

문법 Gramática

불규칙동사 querer

querer 동사는 어간 모음 e가 ie로 변하는 불규칙 동사입니다.

인칭대명사	querer (원하다, 좋아하다)
yo	quiero
tú	quieres
usted, él, ella	quiere
nosotros/as	queremos
vosotros/as	queréis
ustedes, ellos, ellas	quieren

1. querer + 동사원형 : ~하고 싶다

   ¿Qué quieres hacer? 너는 무엇을 하고 싶니?

   Quiero ver una película. 나는 영화를 한 편 보고 싶어.

   Queremos ir al parque a pasear. 우리는 산책하러 공원에 가고 싶습니다.

2. querer + 사물: ~을/를 원하다

   ¿Qué quieres? 너는 무엇을 원하니?

   Quiero un café. 나는 커피를 원해요.

   Juan quiere una pizza. 후안은 피자를 원해요.

3. querer + a + 사람: ~을 좋아하다 ('사람'이 목적어일 때, 사람 앞에 전치사 a를 씁니다.)

   * querer 동사는 목적어가 '사람'일 경우에만 '좋아하다'라는 의미가 됩니다.

   Elena quiere a Juan. 엘레나는 후안을 좋아해요.

   Queremos mucho a nuestra profesora. 우리는 우리들의 선생님을 매우 좋아해요.

 주목! Ojo!

'Te quiero.'는 '너를 좋아해.'라는 뜻으로, 영어 'I like you.'에 해당하는 문장입니다. 이 문장에서 te는 '너를'이라는 뜻의 직접목적대명사로, 스페인어는 영어와 달리 직접목적대명사를 동사 앞에 써서, 'Quiero te.'가 아닌 'Te quiero.'가 됩니다. p.101 참조

불규칙동사 tener

tener 동사는 어간 모음 e가 ie로 변하며, 1인칭 단수형도 불규칙으로 변합니다.

인칭대명사	tener (가지다, 소유하다)
yo	tengo
tú	tienes
usted, él, ella	tiene
nosotros/as	tenemos
vosotros/as	tenéis
ustedes, ellos, ellas	tienen

1. '～을/를 가지고 있다'라는 '소유'의 의미를 나타내는 동사입니다.

   ¿Tienes tiempo? 너 시간 있니?

   ¿Cuántos años tienes tú? 너는 몇 살이야?

   Tengo veintiocho años. 저는 28살입니다.

2. tener 뒤에 다음과 같은 명사가 오면, 주어의 상태를 나타내는 관용표현이 됩니다.

   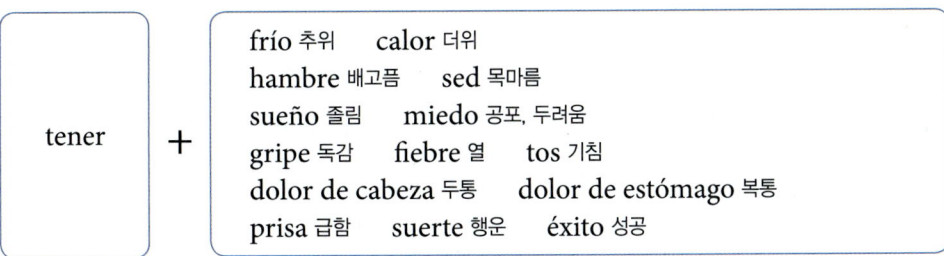

   | tener | + | frío 추위   calor 더위
hambre 배고픔   sed 목마름
sueño 졸림   miedo 공포, 두려움
gripe 독감   fiebre 열   tos 기침
dolor de cabeza 두통   dolor de estómago 복통
prisa 급함   suerte 행운   éxito 성공 |

   Yo tengo mucho calor. 나는 매우 덥습니다.

   ¿No tienes hambre? 너 배고프지 않아?

Ejercicios 학습한 내용을 바탕으로 다음 우리말을 스페인어로 말해 보세요.

1. 나는 한 편의 영화를 보고 싶습니다.

2. 우리들은 목이 너무 마릅니다.

3. Jaime는 너무 덥습니다. 아이스크림을 먹고 싶어 합니다.

   단어 아이스크림을 먹다 tomar helado

정답 | 1. Yo quiero ver una película. 2. Tenemos mucha sed. 3. Jaime tiene mucho calor. Quiere tomar helado.

회화 Conversación

Ricardo	¡Qué buen tiempo hace hoy! Quiero hacer algo divertido. ¿Qué te parece, Sandra?
Sandra	Es buena idea. ¿Qué hacemos?
Ricardo	Tengo dos billetes para el Cine Polaris. Y ahora ponen una película muy interesante allí. ¿Quieres ir conmigo?
Sandra	Es buena idea. ¿A qué hora empieza?
Ricardo	A las cuatro y media. Ahora es la una y diez.
Sandra	Entonces primero quiero comer algo porque tengo mucha hambre. ¿Vale?
Ricardo	Muy bien. Vamos.

해석

리까르도: 오늘 날씨 너무 좋다! 뭔가 재미있는 것 하고 싶어. 산드라 너는 어때?
산드라: 좋은 생각이야. 우리 뭐할까?
리까르도: 나 Polaris 극장 티켓이 2장 있어. 지금 거기서 재미있는 영화가 상영 중이야. 나랑 같이 갈래?
산드라: 좋은 생각이야. 몇 시에 시작하는데?
리까르도: 4시 30분에 시작이야. 지금은 1시 10분이야.
산드라: 그럼 먼저 뭐 좀 먹고 싶은데... 왜냐하면 나 배가 고파. 어때?
리까르도: 그래 좋아. 가자!

새 단어

algo 어떤 것 (something)
divertido/a 재미있는
salir 나가다
calle *f.* 길
billete *m.* 티켓, 표
película *f.* 영화
empezar 시작하다
media *f.* 30분, 반
primero 먼저
porque 왜냐하면

새 표현

¡Qué buen tiempo hace hoy! 오늘 날씨 너무 좋다!
¿Qué te parece...? 너는 어때?
¿A qué hora ~? 몇 시에 ~하나요?
Vamos 가자!

추가 어휘 Vocabulario

불규칙동사 (1)

• 어간모음 e → ie

emp**e**zar 시작하다		
emp**ie**zo	pensar 생각하다	cerrar 닫다
emp**ie**zas	fregar 문지르다	regar 물뿌리다
emp**ie**za	comenzar 시작하다	merendar 간식먹다
empezamos	entender 이해하다	perder 잃어버리다
empezáis	preferir 선호하다	mentir 거짓말하다
emp**ie**zan		

• 어간모음 e → i

p**e**dir 요청하다		
p**i**do	elegir 고르다	freír 기름에 튀기다
p**i**des	medir 재다	servir 섬기다, 봉사하다, 이용하다
p**i**de	despedir 작별, 이별하다	repetir 반복하다
pedimos	competir 경쟁하다	vestir 옷을 입히다
pedís	seguir 계속하다, 쫓아가다	decir 말하다
p**i**den		

• 어간모음 u → ue

j**u**gar 놀다, 운동경기를 하다		
• jugar a + 스포츠명: ~ 경기를 하다		
j**ue**go	(el) baloncesto 농구	(el) béisbol 야구
j**ue**gas	(el) fútbol 축구	(el) fútbol americano 미식 축구
j**ue**ga	(el) golf 골프	(el) tenis 테니스
jugamos	(el) voleibol 배구	(el) billar 당구
jugáis	(los) bolos, (el) boliche 볼링	
j**ue**gan	(el) tenis de mesa (ping-pong) 탁구	

07. Queremos ver una película. 79

연습문제 Práctica

1 괄호 안의 단어를 이용하여 질문에 답해 보세요.

1) ¿Qué quiere beber José? (una cerveza)
   _____.

2) ¿Qué quiere comer la señora Martínez? (una comida italiana)
   _____.

3) ¿Qué quieren los señores López? (pedir la cuenta)
   _____.

4) ¿Que quieren comer de primero Pedro y Lola? (la sopa de brócoli)
   _____.

5) ¿Qué quiere pedir Juan? (una hamburguesa con patatas fritas)
   _____.

6) ¿Qué quieres tomar de postre? (un helado de chocolate)
   _____.

단어 cerveza *f.* 맥주   comida *f.* 음식   cuenta *f.* 계산서   sopa *f.* 수프   hamburguesa *f.* 햄버거   patatas fritas *f.* 감자튀김   helado de chocolate *m.* 초콜릿 아이스크림

2 주어진 단어를 알맞게 바꾸어 빈칸을 채워 보세요.

1) Antonio (querer) _____ ser médico.

2) En verano (yo, regar) _____ las plantas todos los días.

3) La clase (empezar) _____ muy temprano.

4) Carlos y Sofía (jugar) _____ muy mal al golf. Siempre (perder) _____.

5) Yo (pensar) _____ mucho en mis amigos.

단어 verano *m.* 여름   planta *f.* 식물, 화분   temprano 이른, 일찍

3 tener 동사를 이용하여 주어진 그림에 맞게 문장을 만들어 보세요.

1)

Los chicos _____.

2)

Juan _____.

3)

Nosotros _____.

4)

Yo _____.

4 문제를 듣고 질문에 답해 보세요. 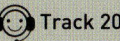 Track 20

1) ¿Qué quiere hacer María esta tarde?

ⓐ 　　ⓑ 　　ⓒ 　　ⓓ

2) ¿Dónde cenan María y su amigo?

ⓐ 　　ⓑ 　　ⓒ 　　ⓓ

단어　contigo 너와 함께　mensaje *m.* 메시지

문화 Cultura

스페인을 대표하는 예술가들

서양 미술사에 큰 영향을 미친 스페인의 대표적인 화가로는 벨라스께스(Diego de Velázquez)와 피카소(Pablo Picasso)가 있습니다.

17세기 궁정화가로 유명한 벨라스께스는 감정에 치우침 없이 항상 자신의 시각에 충실한 작품으로 회화의 완벽성을 추구하였습니다. 대표작으로는 '하녀들'(Las Meninas)이 있으며, 세계 3대 미술관으로 꼽히는 마드리드의 프라도 미술관(Museo Nacional del Prado)의 대표작으로 전시 중입니다.

피카소는 회화뿐만 아니라 판화, 도기, 무대장치, 벽화 등 역사상 가장 많은 작품을 남긴 화가로, 20세기 미술사에 가장 큰 변혁을 일으켰던 입체파 창시자입니다. 그의 작품은 전쟁, 사망, 빈곤, 젊음, 노여움, 사랑 등 다양한 주제로 표현된 것이 특징입니다. 피카소의 2대 걸작 중 하나로 꼽히는 '게르니카'는 마드리드의 소피아 왕비 예술센터(Museo Reina Sofía)에서 전시 중이며, '아비뇽의 처녀들'은 뉴욕 현대미술관에서 전시 중입니다.

스페인 하면 건축도 빼놓을 수 없는 분야입니다. 특히, 유럽과 이슬람 문화의 결합으로 탄생한 스페인만의 독특한 건축양식을 손꼽을 수 있습니다. 스페인 건축의 특징을 느낄 수 있는 대표적 건물로는 알람브라 궁전, 알카사르, 메스키타 사원 등을 들 수 있으며 주로 스페인 남부지역을 중심으로 남아있는 건축물들입니다.

스페인을 대표하는 천재 건축가로 안또니 가우디(Antoni Gaudí)를 빼놓을 수 없습니다. 바르셀로나를 중심으로 까사밀라(Casa Mila), 까사바트요(Casa Batllo), 구엘공원(Parque Güell) 등 독특한 건축물을 많이 남겼습니다. 가우디의 건축물은 주로 자연에서 얻은 영감을 통해 곡선형태로 이루어진 것이 특징입니다. 그의 대표작인 '성가족성당(Sagrada Familia)'은 유럽에서 가장 유명한 건축물 중 하나로 1884년부터 건축 책임을 맡으며 설계와 건축 작업에 일생을 바쳤습니다. 본 건축물은 현재까지도 공사가 진행 중이며 가우디 사후 100주년이 되는 2026년에 완공 예정이라고 합니다. 완성될 경우, 가로 150m, 세로 60m, 높이 170m의 규모가 될 것이며, 엘리베이터를 이용해 첨탑에 올라가면 바르셀로나 전경을 한눈에 볼 수 있게 될 것이라고 합니다.

CAPÍTULO 08

¿Podemos preparar la presentación juntos?
우리 프레젠테이션을 함께 준비할 수 있을까요?

- 불규칙동사 poder
- 불규칙동사 saber와 conocer
- 추가 어휘 : 불규칙동사 (2), 날씨 표현

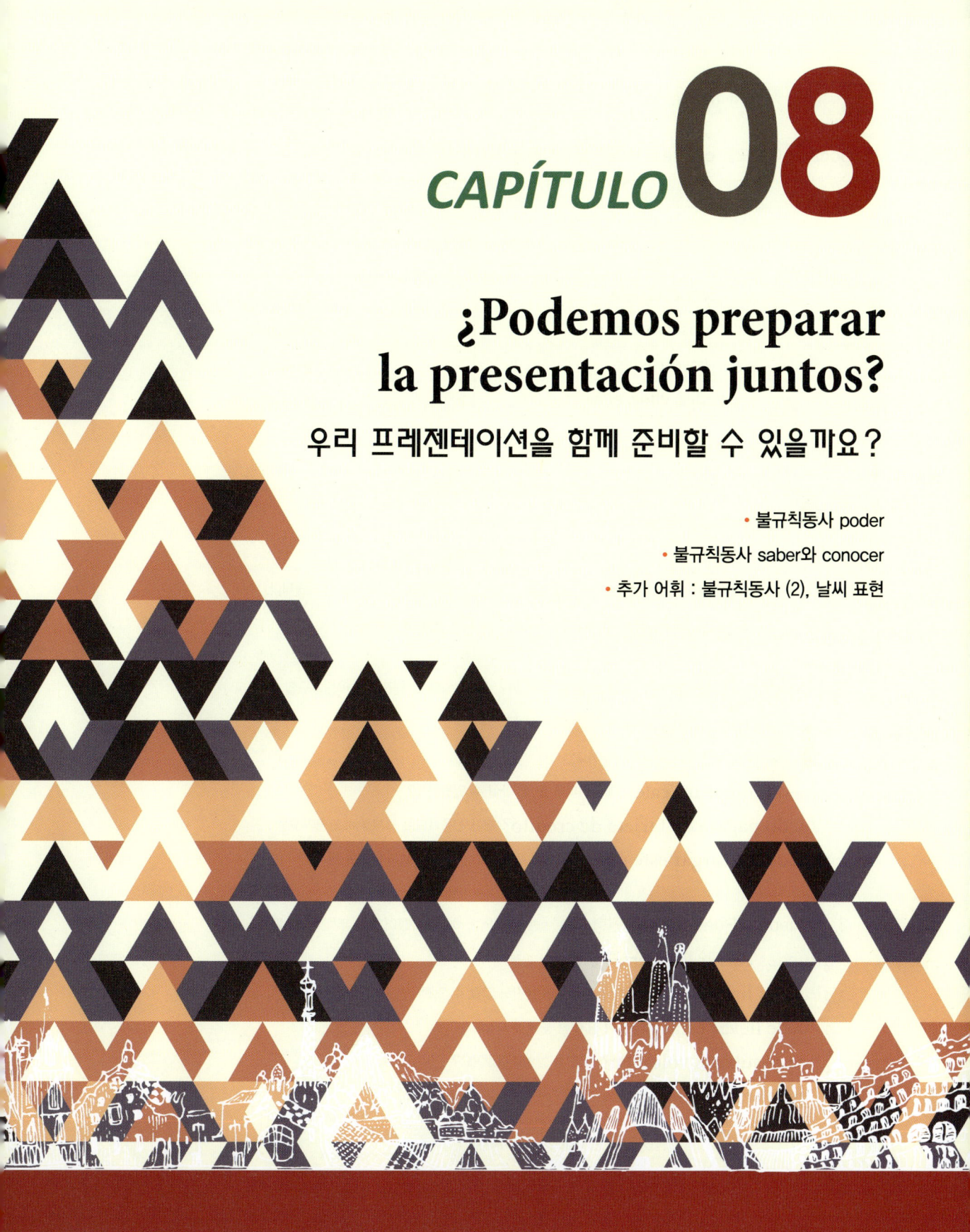

문법 Gramática

불규칙동사 poder

poder는 어간모음 o가 ue로 변하는 불규칙동사입니다.

인칭대명사	poder (~할 수 있다)
yo	puedo
tú	puedes
usted, él, ella	puede
nosotros/as	podemos
vosotros/as	podéis
ustedes, ellos, ellas	pueden

1. poder + 동사원형: ~을/를 할 수 있다.

   Juan puede jugar al fútbol esta tarde. 후안은 오늘 오후에 축구를 할 수 있습니다.
   Puedo conducir bien. 나는 운전을 잘 할 수 있습니다.
   Podemos llegar al cine pronto. 우리는 영화관에 곧 도착할 수 있습니다.
   Ellos no pueden llevar su equipaje. 그들은 그들의 짐을 가지고 갈 수 없습니다.
   No podéis salir más temprano. 너희들은 더 일찍 나갈 수 없습니다.

2. ¿Puedo + 동사원형~?: 내가 ~할 수 있을까?, 내가 ~해도 될까? (허락을 구할 때)

   ¿Puedo entrar ahora? 제가 지금 들어가도 될까요?
   ¿Puedo pasar? 제가 지나가도 될까요?
   ¿Puedo tomar un café? 제가 커피를 한 잔 마실 수 있을까요?
   ¿Puedo pagar con tarjeta de crédito? 제가 신용카드로 결제를 해도 될까요?
   ¿Puedo descargar este programa? 이 프로그램을 다운로드 받아도 될까요?

3. ¿Puedes (Puede) + 동사원형~?: ~해 줄래?, ~해 주시겠어요? (부탁을 할 때)

   ¿Puedes cerrar la puerta? 문 좀 닫아 줄래?
   ¿Puedes hablar más despacio? 더 천천히 말할 수 있겠니?
   ¿Puede llevar esta caja? 이 상자 좀 옮겨 주시겠어요?
   ¿Puede subir el volumen? 볼륨 좀 높여주시겠어요?
   ¿Puede traerme la cuenta? 제게 계산서 좀 갖다 주시겠어요?

불규칙동사 saber와 conocer

saber와 conocer 모두 1인칭 단수 불규칙동사입니다.

인칭대명사	saber	conocer
yo	sé	conozco
tú	sabes	conoces
usted, él, ella	sabe	conoce
nosotros/as	sabemos	conocemos
vosotros/as	sabéis	conocéis
ustedes, ellos, ellas	saben	conocen

※ saber와 conocer 모두 '알다'라는 의미이지만, 쓰임은 각각 다음과 같이 다릅니다.

saber (~을 알다, 할 줄 알다)	conocer (~을 알다, 경험이 있다)
1. **saber** + 동사원형: ~을 할 줄 알다 Yo sé hablar coreano. 나는 한국어를 할 줄 압니다. ¿Sabes conducir? 너는 운전할 줄 아니?	1. **conocer** + a + 사람: (사람)을 알다 Conocemos a la profesora Marcela. 우리는 마르셀라 선생님을 압니다. ¿Conoces a Miguel? 너는 미겔을 아니?
2. **saber** + 의문문/ 명사: ~을 알다 ¿Sabes dónde está Juan? 후안이 어디 있는지 아니? Lara sabe mi número de teléfono. 라라는 내 전화번호를 압니다.	2. **conocer** + 장소: ~에 가 본 적이 있다 No conozco España. 나는 스페인에 가 본 적이 없습니다. ¿Conocéis Corea? 너희들은 한국에 가 본 적이 있니?

Ejercicios 학습한 내용을 바탕으로 다음 우리말을 스페인어로 말해 보세요.

1. 내가 먼저 나가도 될까?
2. 제게 물 좀 갖다 주시겠어요?
3. 너 멕시코 가 본 적 있어?

정답 | 1. ¿Puedo salir primero? 2. ¿Puede traerme agua? 3. ¿Conoces México?

08. ¿Podemos preparar la presentación juntos?

회화 Conversación

해석

파비오: 아나! 우리 이번 주말에 함께 프레젠테이션 준비할까?
아나: 무슨 요일이 더 좋아? 토요일 아니면 일요일?
파비오: 나는 토요일이 더 좋아.
아나: 좋아. 왜냐하면 이번주 일요일은 약속이 있거든.
파비오: '카페 베라'가 어디 있는지 알아? 콜론 서점 맞은편에 있어.
아나: 응, 알아. 그 커피숍 주인도 알아. 매우 친절하시더라고.
파비오: 하하하, 그럼 거기서 보도록 하자. 알았지?
아나: 그래. 좋은 하루 보내!

Fabio	Ana, ¿podemos preparar la presentación juntos este fin de semana?
Ana	¿Qué día prefieres el sábado o el domingo?
Fabio	Yo prefiero el sábado.
Ana	De acuerdo. Porque tengo una cita este domingo.
Fabio	¿Sabes dónde está 'Café Vera'? Está enfrente de la librería Colón.
Ana	Sí, yo sé. Yo conozco a la dueña de esa cafetería. Es muy simpática.
Fabio	Jajaja...entonces nos vemos allí. ¿Vale?
Ana	Vale. ¡Que tengas un buen día!

새 단어

presentación *f.* 프레젠테이션
cita *f.* 약속, 데이트
dueño/a *m.f.* 주인

새 표현

De acuerdo.
좋아/같은 의견이야, 동의해.

Que tengas un buen día.
좋은 하루 보내! (*tú*에게 하는 인사말)

추가 어휘 Vocabulario

불규칙동사 (2)

• 어간모음 o → ue

encontrar 발견하다, 찾다, (우연히) 만나다		
enc**ue**ntro enc**ue**ntras enc**ue**ntra encontramos encontráis enc**ue**ntran	mostrar 보여주다 volar 날다 volver 돌아가다 dormir 잠자다	costar 값이 나가다 mover 이동하다 devolver 반환하다 morir 죽다

¿Qué tiempo hace hoy? 오늘 날씨는 어떤가요?

Hace sol.
햇볕이 쨍쨍합니다.

Hace calor.
덥습니다.

Hace buen tiempo.
날씨가 좋습니다.

Hace fresco.
날씨가 선선합니다.

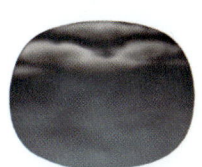
Hace mal tiempo.
날씨가 좋지 않습니다.

Hace viento.
바람이 붑니다.

Hace frío.
춥습니다.

Nieva.
눈이 내립니다.

Llueve.
비가 내립니다.

Está nublado.
흐립니다.

연습문제 Práctica

1 주어진 동사를 알맞게 변형하여 문장을 완성해 보세요.

1) La clase (empezar) _____ a las ocho.

2) Los bancos (cerrar) _____ a las dos.

3) Estoy muy nerviosa. (no poder) _____ dormir.

4) ¿Cuántas horas (tú, dormir) _____ al día?

 – _____ unas ocho horas.

5) ¿Qué (tú, querer) _____ pedir?

 – _____ un café.

6) ¿A qué hora (tú, volver) _____ por la noche?

 – Normalmente _____ sobre las diez.

단어 hora *f.* 시간   al día 하루에

2 다음 빈칸에 poder, saber, conocer 중 의미에 맞는 동사를 골라 알맞은 형태로 넣어 보세요.

1) ¿_____ (yo) hablar con Carlos?

2) Hace muy buen tiempo. ¿_____ (nosotros) jugar al fútbol ahora?

3) ¿_____ (tú) cerrar las ventanas? Tengo un poco de frío.

4) ¿_____ (tú) a Marcela?

5) Yo _____ México. Es un país muy lejos de Corea.

6) Yo _____ muy bien a Jazmín. Es una compañera de mi clase de español.

단어 hablar con ~와 이야기 하다   ventana *f.* 창문

3 보기와 같이 그림을 보고 알맞은 날씨표현을 만들어 보세요.

| 보기 | Corea

En Corea hace viento.

1) Perú

_____.

2) Bolivia

_____.

3) México

_____.

4) Colombia

_____.

4 문제를 듣고 알맞은 답을 골라 보세요.   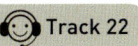 Track 22

ⓐ No conozco bien a Juan.   ⓑ Hay una tienda al lado del banco.

ⓒ Puedes pasar ahora.   ⓓ Lo siento, es muy caro.

문화 Cultura

중남미를 대표하는 예술가들

중남미의 대표 예술가로 멕시코 화가 디에고 리베라(Diego Rivera)를 꼽을 수 있습니다. 그의 그림을 통해 멕시코, 더 나아가 중남미의 역사와 문화를 들여다 볼 수 있기 때문입니다. 어린 시절부터 그림에 재능을 보인 리베라는 스페인, 프랑스 유학생활을 통해 유럽의 미술가들로부터 많은 영향을 받았습니다. 그의 대표작으로는 '알라메다 공원의 일요일 오후의 꿈(Sueño de una Tarde Dominical en la Alameda)'을 들 수 있는데, 스페인 침략에서 멕시코 혁명에 이르기까지 멕시코 역사의 중요 인물들뿐만 아니라 본인과 그의 아내인 프리다 칼로까지 등장시킨 작품으로 더 유명합니다. 너비 15m, 길이 4m나 되는 대작이며, 현재 멕시코 시티의 알라메다 공원의 '디에고 리베라 벽화 박물관(Museo Mural Diego Rivera)'에 전시 중입니다.

프리다 칼로(Frida Kahlo) 또한 손꼽히는 중남미 예술가 중 한 명입니다.
멕시코 여류화가이자, 디에고 리베라와의 결혼으로 더 유명해졌습니다. 멕시코 전통의상과 액세서리의 착용은 그녀의 트레이드 마크였고, 남성에 의해 여성이 억압되는 전통적인 관습을 거부해 1970년대에는 페미니스트들의 우상이기도 했습니다.
불의의 교통사고로 인한 육체적 고통과 남편의 사생활로 인한 정신적 고통에 맞서 삶에 대한 강한 의지를 작품으로 승화시켰습니다.
거울을 통해 자신의 내면 심리상태를 관찰하고 표현했기 때문에 그녀의 작품들 중에는 특히 자화상이 많은 것이 특징입니다. 대표 작품으로는 '두 명의 프리다(Las dos Fridas)'를 꼽을 수 있습니다. 이 작품은 현재 멕시코 시티의 프리다 칼로 박물관(Museo Frida Kahlo)에서 전시 중입니다.

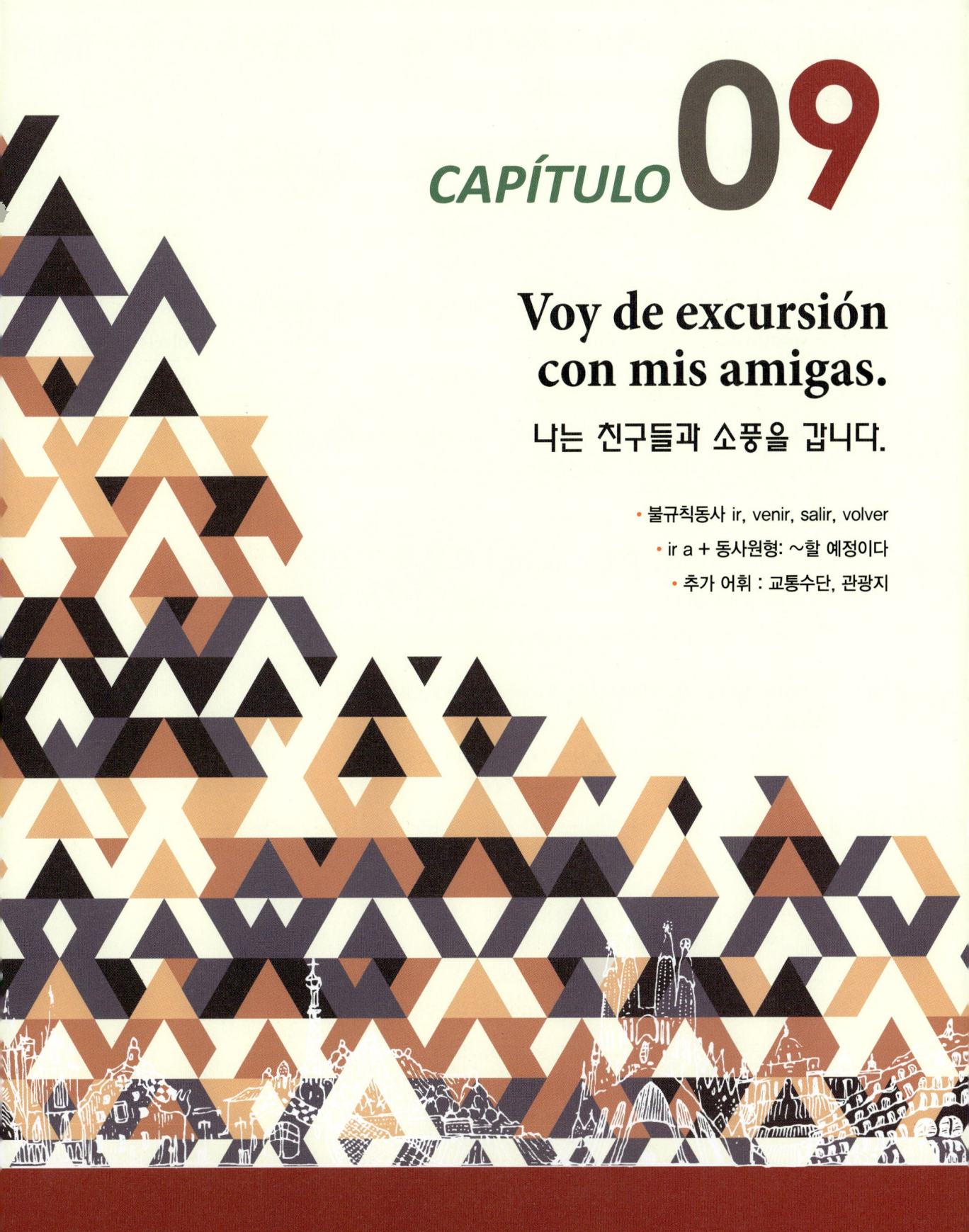

CAPÍTULO 09

Voy de excursión con mis amigas.
나는 친구들과 소풍을 갑니다.

- 불규칙동사 ir, venir, salir, volver
- ir a + 동사원형: ~할 예정이다
- 추가 어휘 : 교통수단, 관광지

문법 Gramática

불규칙동사 ir, venir, salir, volver

인칭대명사	ir 가다	venir 오다	salir 나가다	volver 돌아가다
yo	voy	vengo	salgo	vuelvo
tú	vas	vienes	sales	vuelves
usted, él, ella	va	viene	sale	vuelve
nosotros/as	vamos	venimos	salimos	volvemos
vosotros/as	vais	venís	salís	volvéis
ustedes, ellos, ellas	van	vienen	salen	vuelven

¿A dónde va Pedro? 뻬드로는 어디에 가나요?
Mi mamá y yo vamos a comprar.
엄마와 나는 쇼핑하러 갑니다.

Él va a España. 그는 스페인에 갑니다.

¿De dónde vienes? 너는 어디에서 왔니?
Venimos a estudiar español.
우리는 스페인어를 공부하러 왔습니다.

Vengo de Corea. 한국에서 왔어.

Yo salgo a la calle por la tarde. 나는 오후에 외출합니다.
Salimos de la oficina a las seis en punto. 우리들은 6시 정각에 퇴근합니다.

Volvemos a la casa muy tarde. 우리들은 집에 매우 늦게 돌아갑니다.
María vuelve a salir con Juan. 마리아는 후안이랑 다시 사귑니다.
Vuelvo de la escuela ahora. 나는 지금 학교에서 돌아오는 길입니다.

 주목! Ojo!

※ 전치사 a와 de의 용법

- 이동동사 + a + 장소: ~로 이동하다(목적지)
- 이동동사 + a + 동사원형: ~하러 이동하다(목적)

　Voy a la oficina. 나는 사무실에 갑니다.
　Vengo a visitar al Sr. Antonio. 나는 안또니오 씨를 방문하러 왔습니다.

- 이동동사 + de + 장소: ~에서 이동하다(출발지)

　Él viene de Seúl. 그는 서울에서 왔습니다.
　Vuelvo de México. 멕시코에서 돌아오는 길입니다.

ir a + 동사원형: ~할 예정이다

'ir a + 동사원형'은 '~하러 가다'라는 의미 외에 '~할 예정이다'라는 미래의 계획을 표현하기도 합니다.

¿Qué vas a hacer estas vacaciones? 이번 휴가에 너는 무엇을 할 예정이니?
Voy a viajar por Europa. 나는 유럽을 여행할 예정이야.
Voy a limpiar la casa. ¿Y tú? 나는 집 청소 하려고, 너는?
Vamos a hacer un curso de español este verano. 우리는 이번 여름에 스페인어 과정을 들을 예정입니다.
Voy a cenar en un restaurante italiano. 나는 이탈리안 식당에서 저녁을 먹을 예정입니다.
/ 나는 이탈리안 식당에 저녁을 먹으러 갑니다. (문맥에 따라 파악)

 주목! Ojo!

'vamos a + 동사원형'은 '~하자'라는, 영어의 'Let's~'와 같은 청유형 표현입니다.

Vamos a comer. 점심 먹자!   Vamos a correr. 뛰자!   Vamos a cantar. 노래하자!

- **ir a + 동사원형: '~할 예정이다' 시제와 주로 쓰이는 시간표현들**

  mañana 내일
  pasado mañana 모레
  la semana que viene (la próxima semana) 다음 주
  el mes que viene (el próximo mes) 다음 달
  el año que viene (el próximo año) 내년
  el lunes que viene (el próximo lunes) 오는 월요일
  tres días después 3일 후

Ejercicios 학습한 내용을 바탕으로 다음 우리말을 스페인어로 말해 보세요.

1. 지금 우리 어디로 가나요? _____
2. Juan과 나는 Marcela를 만나러 왔습니다. _____
3. 나는 다음 주에 부모님을 방문할 예정입니다. _____

 방문하다 visitar

정답 1. ¿Adónde vamos ahora?   2. Juan y yo venimos a ver a Marcela.   3. Yo voy a visitar a mis padres la próxima semana.

회화 Conversación

Ana	Hola Sandra, el próximo martes voy a hacer una excursión.
Sandra	¿Con quién vas a ir?
Ana	Voy con mis amigas de la clase de conversación.
Sandra	¿A dónde vais?
Ana	Vamos a ir al Bosque de Chapultepec.
Sandra	¿De verdad? ¡Qué interesante! ¡Ese bosque es muy hermoso!
Ana	Sí, estamos muy emocionadas. Vamos a disfrutar de la naturaleza.
Sandra	También podéis sacar muchas fotos en el bosque y en el lago.
Ana	¡Por supuesto!

해석

아나: 안녕 산드라! 다음 주 화요일에 소풍 가려고 해.
산드라: 누구와 함께 가는 거야?
아나: 회화반 친구들이랑 함께 갈 거야.
산드라: 어디로 가는데?
아나: 차뿔떼벡 숲으로 갈 예정이야.
산드라: 정말? 완전 재미있겠다. 그 숲 엄청 아름답거든.
아나: 응, 우리 엄청 기대하고 있어. 가서 자연도 만끽하고 올꺼야.
산드라: 그리고 숲이랑 호수에서 사진도 많이 찍어 와!
아나: 물론이지!

새 단어

hacer una (la) excursión 소풍 가다.
conversación *f.* 회화
bosque *m.* 숲
emocionado/a 기대중인, 감격스러운
disfrutar de ~ ~를 즐기다, 만끽하다
naturaleza *f.* 자연
sacar (las) fotos 사진 촬영하다.
lago *m.* 호수

새 표현

¡Qué interesante! 완전 재미있겠다!

추가 어휘 Vocabulario

▼ 교통수단

(el) coche / (el) carro / (el) automóvil 자동차	(el) tren 기차
(el) autobús 버스	(el) barco 배
(el) metro 전철	(la) bicicleta 자전거
(el) taxi 택시	(la) motocicleta 오토바이
(el) avión 비행기	(el) camión 트럭
(el) tranvía 전차	(el) ferry 여객선
(la) caravana 캠핑카	(el) teleférico 케이블카

※ en + 교통수단 : ~를 타고 (*cf.* 걸어서: a pie)

▼ 관광지

(las) ruinas 유적지	(el) templo 절, 사원
(la) exposición 전시장	(la) galería 갤러리
(la) feria 박람회	(el) palacio 궁전
(el) mirador 전망대	(la) torre 탑, 타워
(el) castillo 성	(la) catedral 대성당
(el) acuario 수족관	(el) monumento 기념상

연습문제 Práctica

1 주어진 동사를 알맞게 변형하여 문장을 완성해 보세요.

1) Rosa, Carla y yo (ir) _____ a la clase de español.

2) Lucía también(ir) _____ a la clase de español.

3) ¿De dónde (venir, tú) _____?

4) Nosotros (salir) _____ de la oficina muy tarde.

5) Yo (volver) _____ a mi casa después de la clase.

6) Mis padres (venir) _____ de España esta tarde.

2 'ir a + 동사원형'의 형태를 써서 주어진 단어를 이용하여 문장을 만들어 보세요.

1) Nosotros / cenar / en un restaurante.
   _____ .

2) ¿Cuándo / tú / volver / a casa?
   _____ .

3) ¿Vosotros / ir / al cine?
   _____ .

4) Mañana / ellas / no / trabajar
   _____ .

5) El próximo fin de semana / yo / ir / al parque.
   _____ .

6) ¿Cuándo / Claudia y tú / ir / al gimnasio?
   _____ .

3 주어진 표현을 사용하여 질문에 답해 보세요.

1) ¿Vas a la clase de español por la mañana o por la tarde? (por la mañana)
   _____.

2) ¿Cuándo vais a la cafetería? (después de cenar)
   _____.

3) ¿A dónde va Juan después de desayunar? (a la oficina)
   _____.

4) ¿Con quién vas a cenar esta noche? (con mis compañeros)
   _____.

5) ¿Qué vamos a hacer este fin de semana? (ir al cine)
   _____.

6) ¿A dónde vas a viajar las próximas vacaciones? (a España)
   _____.

4 문제를 듣고 질문에 답해 보세요.　　　　　　　　　　　　　　Track 24

1) ¿Qué va a hacer Julio este fin de semana?
   _____.

2) ¿Adónde va a ir Julio con sus compañeros del trabajo?
   _____.

3) ¿Cuánto tiempo va a estar allí?
   _____.

단어　acampar 야영하다

문화 Cultura

스페인 프로축구, 프리메라리가(Primera Liga)

총 4부로 구성된 스페인 프로축구 리그 중 1부를 가리키며, 정식 명칭은 '프리메라 디비시온(Primera División)'입니다.

스페인 프로축구는 크게 1부 리그인 프리메라리가, 2부 세군다 디비시온 A, 3부 세군다 디비시온 B, 4부 떼르쎄라 디비시온으로 구성되어 있습니다. 1부 리그에 20개 클럽, 2부에 22개 클럽, 지역 리그로 4개 그룹으로 나누어진 3부 리그에 80개 클럽, 17개 지역 리그로 구성된 4부 리그에 340개 클럽이 있어, 총 등록 클럽 수가 세계에서 가장 많습니다.

스페인 하면 가장 먼저 떠오르는 게 축구이듯, 스페인 국민들은 대부분 열광적으로 축구를 즐기는 것으로 유명합니다. 1부 리그인 프리메라리가에서는 실력 있는 외국선수들의 기용이 허용되나 나머지 클럽들은 스페인 내 유망선수 발굴 및 육성을 위해 스페인 출신 선수만 기용해야 합니다.

프리메라리가 경기 중 가장 인기 있는 경기는 '레알 마드리드'와 'FC 바르셀로나'의 더비 경기로, '고전의 승부'라는 의미의 '엘 끌라시꼬(El Clásico)'라고 불립니다.

독재정권 시절 억압 받던 까딸루냐인들은 당시 리그 최강이었던 바르셀로나의 경기를 보는 것으로 위안을 삼곤 했는데, 이를 못마땅하게 여긴 독재자 프랑꼬는 수도의 축구 클럽인 마드리드 구단에 '레알(Real)'이라는 왕실의 칭호를 하사하고 전폭적인 지원을 시작합니다. 그 후, 레알 마드리드는 1960년에 들어 바르셀로나를 꺾고 리그에서 승승장구하게 됩니다. 이에 까딸루냐인들은 분노하였고 마드리드인들도 그들 나름 까딸루냐인들이 축구로 거만해지는 것을 못마땅해하며 서로의 구단을 싫어하게 된 것입니다. 양팀 모두 최강의 전력을 자랑하는데다, 수백여 년 이어져 온 역사적 갈등까지 더해져 세계에서 가장 격렬한 축구 경기 중 하나로 손꼽히고 있습니다.

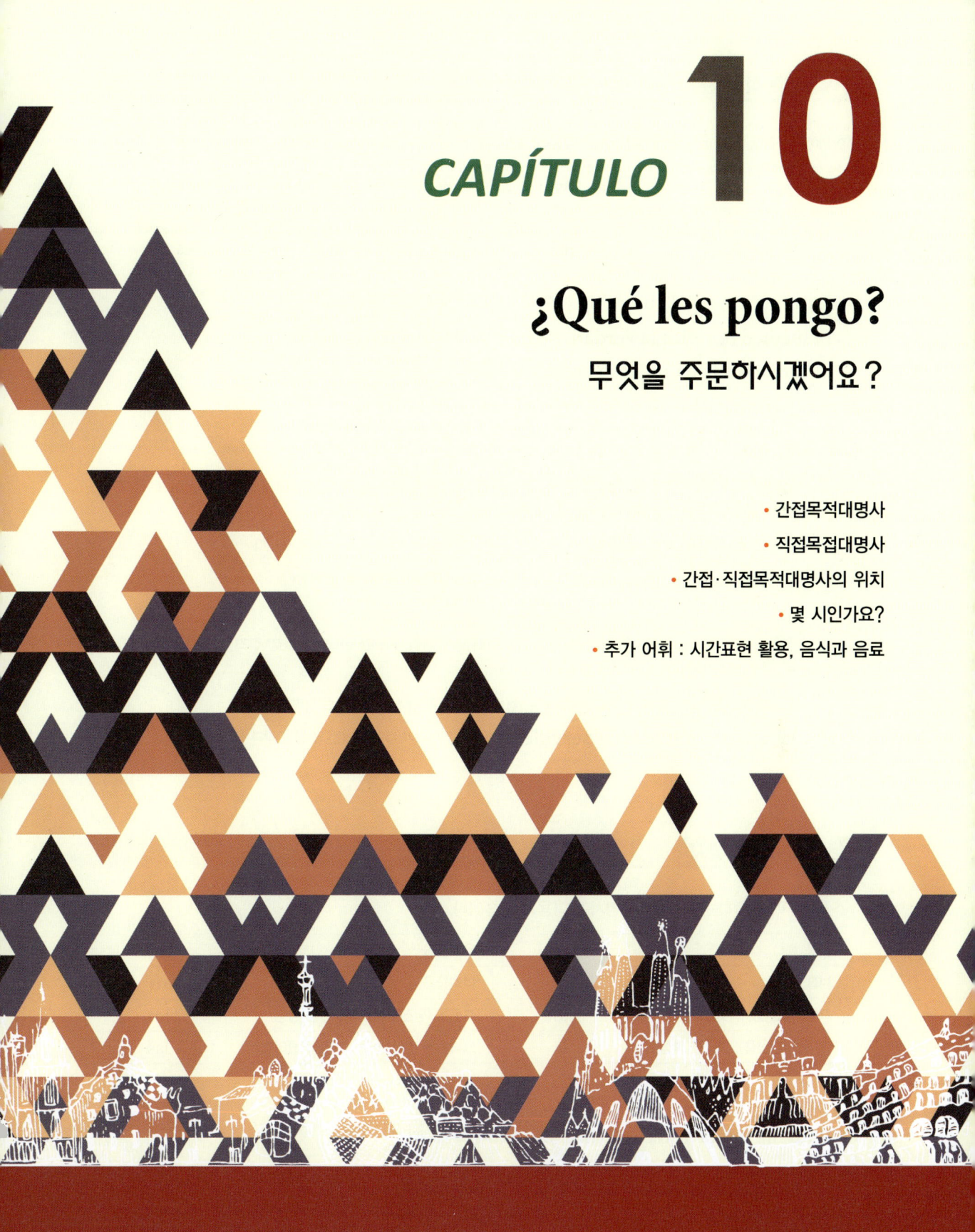

문법 Gramática

간접목적대명사

'~에게'에 해당하는 간접목적대명사는 다음과 같습니다.

나에게	me	우리들에게	nos
너에게	te	너희들에게	os
그, 그녀, 당신에게	le	그들, 그녀들, 당신들에게	les

Carolina me regala un reloj. 까롤리나가 나에게 시계를 하나 선물합니다.
El médico nos dice la verdad. 의사선생님께서 우리에게 사실을 말씀하십니다.
El camarero te da un vaso con hielo. 웨이터가 너에게 얼음잔을 줍니다.

 주목! Ojo!

- 3인칭 간접목적대명사 le, les의 경우, 간접목적 대상을 정확하게 명시하기 위해 문장 끝에 'a + 목적 대상'의 형태로 대상을 중복하기도 합니다.

    Yo le escribo una carta a María. 나는 그녀, 마리아에게 편지 한 통을 씁니다.
    Yo les escribo una carta a ustedes. 나는 당신들에게 편지를 씁니다.

- 전치사 a 뒤에 사용되는 인칭대명사를 '전치사격 인칭대명사'라고 합니다. 주로 주격을 쓰지만, yo(나)의 경우 mí, tú(너)의 경우 ti로 씁니다.

    Carlos da un ramo de rosas a mí. 까를로스가 나에게 장미꽃 한 다발을 줍니다.
    El camarero trae unas servilletas a ti. 웨이터가 너에게 냅킨 몇 장을 갖다 줍니다.

직접목적대명사

'~을, 를'에 해당하는 직접목적대명사는 다음과 같습니다.

나를	me	우리들을	nos
너를	te	너희들을	os
그를 (당신을), 그것을(남성)	lo	그들을 (당신들을), 그것들을(남성)	los
그녀를 (당신을), 그것을(여성)	la	그녀들을 (당신들을), 그것들을(여성)	las

Te quiero mucho. 너를 많이 좋아해.
Raúl me invita a su casa. 라울이 나를 그의 집에 초대합니다.

간접·직접목적대명사의 위치

1. 동사가 인칭변화를 하는 일반적인 문장에서는 '동사 바로 앞'에 위치합니다.
   El cliente me pide un zumo de naranja. 손님이 나에게 오렌지쥬스를 주문합니다.
   Yo te amo. 나는 너를 사랑해.

2. 간접목적대명사와 직접목적대명사를 함께 쓸 경우에는, '간접목적대명사 + 직접목적대명사' 순으로 씁니다.
   Paco me regala una flor. 빠꼬는 나에게 꽃을 선물합니다. → Paco me la regala.

3. 간접목적대명사와 직접목적대명사가 모두 3인칭일 경우에는, 간접목적대명사를 se로 바꾸어 씁니다.
   Marisol le da un libro. 마리솔은 그에게 책을 한 권 줍니다. → Marisol se lo da.

4. 동사원형의 목적어로 쓰일 경우에는 동사원형 뒤에 한 단어처럼 붙여 씁니다. 간접목적대명사와 직접목적대명사가 모두 오는 경우에는 동사원형 뒤에 '간접목적대명사 + 직접목적대명사' 순으로 붙여 쓰되, 강세의 위치가 바뀌었기 때문에 원래 강세 자리에 악센트를 꼭 붙여주어야 합니다. p.19 강세 참조
   ¿Me puede traer unas servilletas? 나에게 냅킨을 가져다 주시겠어요?
   = ¿Puede traerme unas servilletas? = ¿Me las puede traer? = ¿Puede traérmelas?

¿Qué hora es? 몇 시인가요?

시간을 말할 때에는 ser 동사를 사용하여, 단수 시간일 때 es, 복수 시간일 때 son을 사용합니다. 또한, 시간은 여성으로, 시간 앞에는 여성 정관사 la, las를 씁니다.

• 1시는 단수, 2시 ~ 12시는 복수입니다. Es la una. 1시입니다. Son las dos. 2시입니다.	• 시와 분은 y로 연결합니다. Es la una y diez. 1시 10분입니다. Son las tres y veinte. 3시 20분입니다.
• 15분과 30분의 다른 표현도 있습니다. Son las cuatro y cuarto.(= quince) 4시 15분입니다. Son las cinco y media.(=treinta) 5시 30분입니다.	• 40분이 넘는 시간은 다음과 같이 표현하기도 합니다. Son las diez menos veinte. 10시 20분 전입니다. = Son las nueve y cuarenta. 9시 40분입니다.

Ejercicios 학습한 내용을 바탕으로 다음 우리말을 스페인어로 말해 보세요.

1. 웨이터가 나에게 음식을 가져다 줍니다. _____
2. 저는 그를 알지 못합니다. _____
3. Carlos가 당신에게 무엇을 말하나요? _____

정답 | 1. El camarero me trae la comida. 2. No lo conozco. 3. ¿Qué te dice Carlos?

회화 Conversación

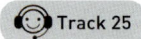

해석

리까르도: 메뉴판 좀 가져다 주시겠어요?
웨이터: 물론이죠. 곧 가져다 드리겠습니다.
리까르도: 대단히 고맙습니다.
웨이터: 무엇을 주문하시겠어요?
리까르도: 전채요리로 버섯수프 주시고, 메인요리는 구운 치킨과 볶음밥으로 할게요.
웨이터: 좋습니다. 여자분은요?
산드라: 믹스샐러드와 감자가 곁들여진 소고기 스테이크로 주세요.
웨이터: 마실 것은요?
리까르도: 오렌지 쥬스 주세요.
산드라: 저도 같은 걸로 주세요.
웨이터: 여기 주문하신 음식과 음료 있습니다. 맛있게 드세요!

Ricardo	¿Nos puede traer el menú, por favor?
Camarero	Claro. Enseguida se lo traigo.
Ricardo	Muchas gracias.
Camarero	¿Qué les pongo?
Ricardo	De primero me pone la sopa de champiñón y de segundo el pollo asado con arroz frito por favor.
Camarero	Muy bien. ¿Para la señorita?
Sandra	Me trae la ensalada mixta y el bistec con patatas por favor.
Camarero	¿Y algo para tomar?
Ricardo	Un zumo de naranja, por favor.
Sandra	A mí también.
Camarero	Aquí están su comida y bebida. ¡Buen provecho!

새 단어

sopa de champiñón *f.* 버섯수프
pollo asado *m.* 구운 치킨
arroz frito *m.* 볶음밥
ensalada mixta *f.* 믹스샐러드
bistec *m.* 소고기 스테이크
patata *f.* 감자
zumo de naranja *m.* 오렌지 쥬스

새 표현

en seguida 즉시
De primero 첫 번째로
De segundo 두 번째로
¡Buen provecho! 맛있게 드세요!

추가 어휘 Vocabulario

 시간표현 활용

a las siete y media de la mañana 오전 7시 30분에
a las dos y cuarto de la tarde 오후 2시 15분에
a las nueve y media de la noche 밤 9시 30분에
a las cuatro de la madrugada 새벽 4시에
a las ocho en punto 8시 정각에
a la medianoche 자정에
al mediodía 정오에
hace un rato / hace un momento 조금 전에
un poco más tarde 조금 후에
ahora 지금
antes 예전에
después / luego 나중에

 음식과 음료

(la) carne 고기
(la) res 소고기
(el) cerdo 돼지고기
(el) pollo 닭고기
(el) pescado 생선
(los) mariscos 해산물
(la) patata (스페인) / (la) papa (중남미) 감자
(el) huevo 달걀
(el) queso 치즈
(el) azúcar 설탕
(la) sal 소금

(el) aceite 오일
(el) vinagre 식초
(el) agua 생수
(el) agua con gas 탄산수
(el) refresco 탄산음료
(el) zumo (스페인) / (el) jugo (중남미) 주스
(la) limonada 레몬에이드
(el) vino 와인
(la) cerveza 맥주
(el) café 커피
(la) leche 우유

연습문제 Práctica

1 직접목적대명사를 사용하여 다음 각 질문에 답해 보세요.

| 보기 | ¿Sirves la sopa?   ⇒   Sí, la sirvo. |

1) ¿Llevas los discos?   ⇒ _____.

2) ¿Comes el chocolate?   ⇒ _____.

3) ¿Compras las manzanas?   ⇒ _____.

4) ¿Pides el postre?   ⇒ _____.

5) ¿Tomas el autobús?   ⇒ _____.

6) ¿Esperas a tus amigos?   ⇒ _____.

단어 disco *m.* 음반, 디스크   pedir 요구하다, 요청하다   postre *m.* 후식

2 다음 각 문장을 〈보기〉와 같이 목적대명사를 사용하여 써 보세요.

| 보기 | Carolina tiene un cheque.   ⇒   Carolina lo tiene.
         Yo compro un bolso a ti.   ⇒   Yo te compro un bolso. |

1) Roberto lava el coche.   ⇒ _____.

2) Juana busca los paraguas.   ⇒ _____.

3) Tú tienes las llaves.   ⇒ _____.

4) Yo regalo una rosa a mi mamá.   ⇒ _____.

5) Yo llamo más tarde a usted.   ⇒ _____.

6) Ella cierra la ventana.   ⇒ _____.

단어 cheque *m.* 체크, 수표   paraguas *m.* 우산   llave *f.* 열쇠

3 그림을 보고 질문에 답해 보세요.

¿Qué hora es?

1) _____ . 2) _____ . 3) _____ .

4) _____ . 5) _____ . 6) _____ .

4 문제를 듣고 질문에 답해 보세요. Track 26

1) ¿Qué fecha es hoy?
   _____.

2) ¿Cuándo es el cumpleaños de Carmen?
   _____.

3) ¿Quién regala la bicicleta a ella?
   _____.

4) ¿Cómo está Carmen?
   _____.

문화 Cultura

스페인을 대표하는 문화, 투우

스페인을 대표하는 문화 중 하나로 투우(Corrida de Toros)를 꼽을 수 있습니다. 투우는 17세기 말경까지는 전적으로 궁정의 오락거리로 여겨져 귀족들 사이에서만 성행했는데, 18세기 초부터 지금과 같이 일반 군중들 앞에서 행해지기 시작했습니다.

투우는 '아레나'(Arena)라고 불리는 투기장에서 개최되며, 엄격한 규칙에 따라 행해집니다. 마따도르(Matador)라고 불리는 투우사 1명, 반데리예로(Banderillero)라고 불리는 작살꽂이 3명, 삐까도르(Picador)라고 불리는 창잡이 2명이 한 팀을 구성하며, 삐네오(Peneo)라고 불리는 조수도 함께 참가합니다.
경기는 소의 목과 등에 창을 꽂아 소를 죽이면 끝나게 되는데, 투우경기의 하이라이트는 아무래도 클라이맥스 20분간일 것입니다. 마따도르의 화려한 복장과 물레따(Muleta)로 성난 소를 능수능란하게 다루는 몸동작을 볼 수 있는 순간이기 때문입니다.

투우는 스페인 외에 프랑스 남부, 포르투갈 그리고 남미의 몇몇 나라들에서도 행해지고 있으나 그 방식이 나라마다 조금씩 다르다고 합니다.

최근 동물학대 여론으로 바르셀로나에서는 투우 자체가 금지되어 있으며, 국가적인 차원에서도 재정적인 지원을 점차 줄여가고 있는 추세라고 합니다. 하지만 일각에서는 투우가 스페인을 대표하는 중요한 문화라고 주장하며 금지되었던 경기를 다시 시작하는 곳도 있다고 합니다.

CAPÍTULO 11

De lunes a viernes me levanto a las 7 de la mañana.
저는 월요일부터 금요일까지 아침 7시에 일어납니다.

- 재귀동사
- 재귀대명사의 위치
- 몇 시에 ~하나요?
- 추가 어휘 : 재귀동사, '형용사 + -mente' 형태의 부사

문법 Gramática

재귀동사

-ar, -er, -ir 동사의 원형 끝에 'se'라는 재귀대명사를 붙여, -arse, -erse, -irse로 끝나는 동사들을 '재귀동사'라고 합니다. 주어의 동작이 재귀대명사를 통해 다시 주어에게 돌아간다는 의미로 '재귀동사'라고 부릅니다. 그러므로, 재귀동사 앞에는 항상 주어에 맞는 재귀대명사가 옵니다.

보통 타동사는 존재하나 자동사가 없는 동사에 재귀대명사 'se'를 붙입니다. 예를 들어 타동사 levantar (일으키다)에 재귀대명사 'se'를 붙여, levantarse의 형태로 '자신을 일으키다', 즉 '일어나다'라는 자동사로 만드는 것입니다. 1과에서 학습했던 llamarse 동사도 '주어 자신이 ~라고 불리다', 즉 '이름이 ~이다'라는 의미의 재귀동사입니다.

인칭대명사	재귀대명사	acostarse 눕다	sentarse 앉다	lavarse 씻다, 닦다
yo	me	acuesto	siento	lavo
tú	te	acuestas	sientas	lavas
usted, él, ella	se	acuesta	sienta	lava
nosotros/as	nos	acostamos	sentamos	lavamos
vosotros/as	os	acostáis	sentáis	laváis
ustedes, ellos, ellas	se	acuestan	sientan	lavan

Yo **levanto** a mi abuela. 나는 나의 할머니를 일으킵니다.
Yo **me levanto** del sofá. 나는 소파에서 일어납니다.
Nos acostamos antes de las once. 우리들은 11시 전에 잠자리에 듭니다.
Ellos **se sientan** en aquel banco. 그들은 저 벤치에 앉습니다.

주목! Ojo!

• 재귀동사의 목적어가 주어의 신체 일부일 때, 신체 부위 앞에 소유사를 쓰지 않습니다.

Me lavo mi cara. (X) / Me lavo la cara. (O) 나는 세수를 합니다.

• 주어가 복수인 경우엔 '서로 ~하다'라는 상호적인 의미로도 쓰입니다.

Nos escribimos. 우리는 서로 편지를 주고 받습니다.
Juan y Ana se aman mucho. 후안과 아나는 서로 매우 사랑합니다.

재귀대명사의 위치

1. 재귀대명사는 목적격대명사와 마찬가지로, 일반적으로 '동사 앞'에 위치합니다.

    ¿Cómo se llama usted? 성함이 어떻게 되시나요?

    Me llamo Luis. 제 이름은 루이스입니다.

    ¿Dónde nos sentamos? 우리 어디에 앉을까요?

2. 재귀대명사가 동사원형과 함께 쓰일 때는 동사원형 뒤에 한 단어처럼 붙여 씁니다.

    Quiero lavarme las manos. 나는 손을 씻고 싶습니다.

    ¿Podemos sentarnos aquí? 우리 여기 앉을까요?

    ¿A qué hora vas a acostarte esta noche? 오늘 밤 너는 몇 시에 잠자리에 들 거니?

¿A qué hora + 동사?   몇 시에 ~하나요?

A: ¿A qué hora te levantas normalmente? 너는 보통 몇 시에 일어나니?

B: Me levanto a las siete de la mañana. 나는 오전 7시에 일어나.

 주목! Ojo!

'~시에'라는 의미를 나타낼 때는 시간 앞에 전치사 a를 씁니다. '몇 시에 ~하나요?'라고 물어 볼 때에도 '몇 시'에 해당하는 qué hora 앞에 a를 붙여 줍니다.

¿A qué hora sales de la oficina? 너는 몇 시에 퇴근하니?

Salgo a las seis y media. 6시 30분에 퇴근해.

La película empieza a las dos de la tarde. 영화는 오후 2시에 시작합니다.

Ejercicios   학습한 내용을 바탕으로 다음 우리말을 스페인어로 말해 보세요.

1. 나는 오전 7시에 기상합니다.   _____

2. 당신들은 몇 시에 취침하나요?   _____

3. 우리들은 밤 10시 30분에 취침합니다.   _____

정답 | 1. (Yo) Me levanto a las siete de la mañana.   2. ¿A qué hora se acuestan ustedes?   3. (Nosotros) Nos acostamos a las diez y media de la noche.

회화 Conversación

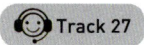

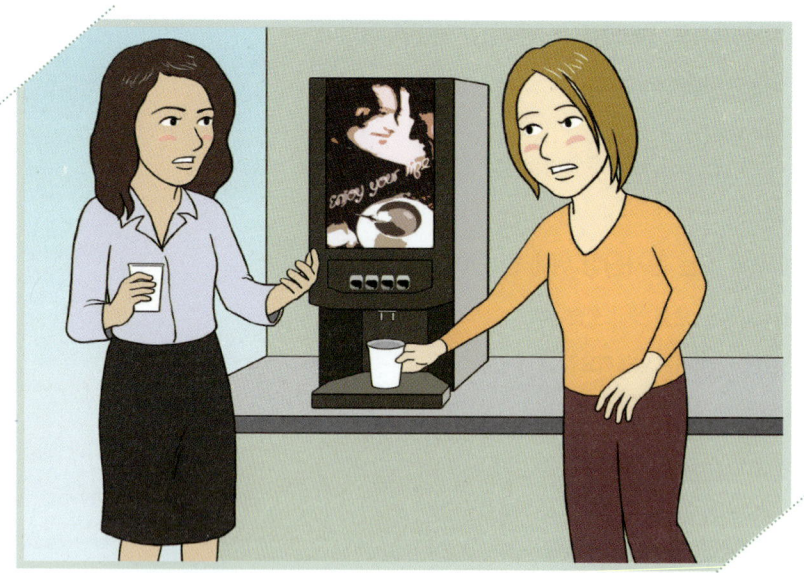

해석

엘레나: 나 이번 주에 업무 때문에 너무 피곤해.
까르멘: 힘 내! 다 잘 될 거야. 아침에 몇 시에 일어나니?
엘레나: 보통 7시에 일어나는데, 요즘은 6시에 일어나. 왜냐하면 일찍부터 회의가 있거든.
까르멘: 주말엔 뭐해?
엘레나: 주말에는 보통 오전 10시쯤에 일어나거나 가끔은 정오까지 침대에 누워있기도 해. 그리고 나서 샤워하고, TV를 봐.
까르멘: 그럼 몇 시에 잠자리에 드는 거니?
엘레나: 보통 11시에서 12시 사이에 잠자리에 들어.

Elena	Esta semana estoy muy cansada por el trabajo.
Carmen	Ánimo amiga, todo va a mejorar pronto. ¿A qué hora te levantas por la mañana?
Elena	Normalmente me levanto a las siete. Pero estos días me levanto a las seis porque tengo reuniones muy temprano.
Carmen	¿Qué haces los fines de semana?
Elena	Los fines de semana generalmente me despierto más o menos a las diez de la mañana y a veces me quedo en la cama hasta el mediodía. Luego me ducho y veo la televisión.
Carmen	¿A qué hora te acuestas?
Elena	Me acuesto entre las once y doce de la noche.

새 단어

mejorar 더 나아지다.
normalmente, generalmente 보통, 평소에는
reunión *f.* 회의, 모임
despertarse 깨다, (잠자리에서) 일어나다
ducharse 샤워하다

새 표현

Ánimo 힘 내!

추가 어휘 Vocabulario

재귀동사

bañarse
목욕하다

secarse
말리다(마르다)

maquillarse
화장하다

ponerse
(옷, 장신구 등을) 착용하다, 입다

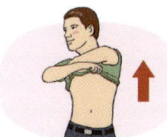
quitarse
벗다

mirarse
보다

afeitarse
면도하다

cepillarse
양치질하다

peinarse
머리를 빗다

divertirse
즐기다

quedarse
머무르다, 남다

vestirse
옷을 입다

'형용사 + -mente' 형태의 부사

1) -o로 끝나는 형용사는 -o를 -a로 바꾸고 -mente를 붙입니다.

    exacto/a 정확한 → exactamente 정확하게
    correcto/a 올바른 → correctamente 올바르게
    claro/a 명확한 → claramente 명확하게

2) -o로 끝나지 않는 형용사는 그대로 끝에 -mente를 붙입니다.

    igual 동일한 → igualmente 동일하게
    especial 특별한 → especialmente 특별하게
    normal 보통의 → normalmente 보통으로
    general 일반의 → generalmente 일반적으로

연습문제 Práctica

1 주어진 동사를 알맞은 형태로 바꾸어 빈칸을 채워 보세요.

1) Yo _____ (levantarse) a las ocho.
2) Nosotros queremos _____ (levantarse) temprano.
3) Juan _____ (acostarse) a las once.
4) Yo _____ (lavarse) las manos.
5) Juan y María _____ (casarse) este octubre.
6) Antonio siempre _____ (afeitarse) por la mañana.
7) Nosotros _____ (ponerse) los guantes.
8) Juana _____ (secarse) el pelo mojado.

단어 guantes *m.* 장갑   mojado/a 젖은   casarse 결혼하다

2 다음 각 문장의 의미가 자연스럽게, 주어진 동사 중 알맞은 동사를 골라 문장을 완성해 보세요.

1) lavar / lavarse
   Lisa _____ los platos.
   Lisa _____ la cara antes de acostarse.

2) despertar / despertarse
   Claudia _____ a sus hijos.
   Claudia _____ a las ocho de la mañana normalmente.

3) bañar / bañarse
   ¿_____ (tú)?
   ¿_____ (tú) a tu perro?

4) llamar / llamarse
   Él _____ Carlos.
   Él _____ a sus padres cada sábado.

단어 plato *m.* 접시   cliente *m.f.* 손님   perro *m.* 개   cada sábado 토요일마다

3 다음 문장들을 읽고 일어난 순서대로 번호를 써 보세요.

| 보기 | Ana se levanta a las siete de la mañana. (1) |

1) Se ducha y se peina. ( )

2) Toma un vaso de agua después de levantarse. ( )

3) Después de peinarse, desayuna normalmente. ( )

4) Va a trabajar a las ocho y media de la mañana. ( )

5) Sale de la oficina a las seis de la tarde. ( )

6) Ve la televisión y hace Internet antes de acostarse generalmente. ( )

7) Llega a su casa y luego cena. ( )

8) Se acuesta a la medianoche. ( )

단어 después de ~한 후에   hacer Internet 인터넷하다   cenar 저녁식사하다

4 문제를 듣고 질문에 답해 보세요.   Track 28

1) ¿A qué hora se levanta de lunes a viernes?
_____.

2) ¿Qué hace normalmente después de ducharse?
_____.

3) ¿Qué hace primero después de llegar a su casa?
_____.

4) ¿A qué hora se acuesta los fines de semana?
_____.

문화 Cultura

스페인 안달루시아의 열정의 꽃, 플라멩코

스페인 하면 정열의 춤, 플라멩코를 빼놓을 수 없습니다. 플라멩코는 스페인 남부의 안달루시아(Andalucía) 지역을 중심으로 발달한 스페인 전통춤으로 알려져 있으나, 그 기원은 인도, 아랍, 그레고리안 성가 등 여러 가지 학설이 분분합니다.

플라멩코를 이야기할 때 빼놓을 수 없는 것이 바로 15세기 스페인에 등장한 집시, 스페인어로 '히따노'(Gitano)입니다. 집시들이 지닌 음악에 대한 천부적인 재능과 특유의 감성, 어디에서도 환영 받지 못한 삶을 살아온 한의 정서가 융합되어 표현된 춤이 바로 플라멩코라는 것입니다.

'플라멩코'라는 말의 기원에 대해서도 여러 가지 설이 있으나, '불꽃'을 뜻하는 Flama에서 비롯된 은어로, '멋진', '화려한'을 의미하던 단어가 집시음악에 쓰이게 되어 '플라멩코'라는 말이 탄생되었다는 설이 가장 유력합니다.

18-19세기경에 이르러 현재 우리가 보는 플라멩코의 형태를 갖추게 되었고, 20세기에 무대 공연으로 이어지며 더욱 발전해 나갔습니다. 엄격한 형식보다는 기본 동작을 중심으로 즉흥적이고 감정적인 변화와 리듬, 박자를 중요시하며, 춤(바일레, Baile)만큼 노래(깐떼, Cante)와 음악적 기교(또께, Toque)도 중요하게 여기기 때문에 춤, 노래, 음악적 기교의 3박자의 조화로 이루어지는 완성 예술이라고 말합니다.

슬픔, 기쁨, 비통함, 환희, 공포 등과 같은 모든 감정과 심리상태를 진정성 있는 가사를 통해 노래로 나타내며, 춤 또한 열정과 구애의 춤으로 슬픔에서부터 기쁨까지 풍부한 상황을 표현합니다. 춤의 기법은 다소 복잡하나 성별에 따라 다르고, 남성의 경우 발을 많이 사용하는 편이며 여성의 경우 춤사위가 남성에 비해 부드럽고 관능적인 것이 특징입니다. 또께(Toque)의 기타 연주를 비롯하여 캐스터네츠, 박수, 발 구르기 등의 추임새도 플라멩코의 개성을 보여주는 요소입니다.

다양한 축제나 행사에서 공연되며, 공연단이나 플라멩코 클럽 등을 통해 전승해가고 있습니다. 특히, 플라멩코 전용극장인 '따블라오'(Tablao)가 만들어지면서 조직적으로 전통을 이어가기 위한 노력을 기울이고 있습니다. 2010년에 유네스코 세계무형문화유산에 등재되어 전통을 이어나가고 있습니다.

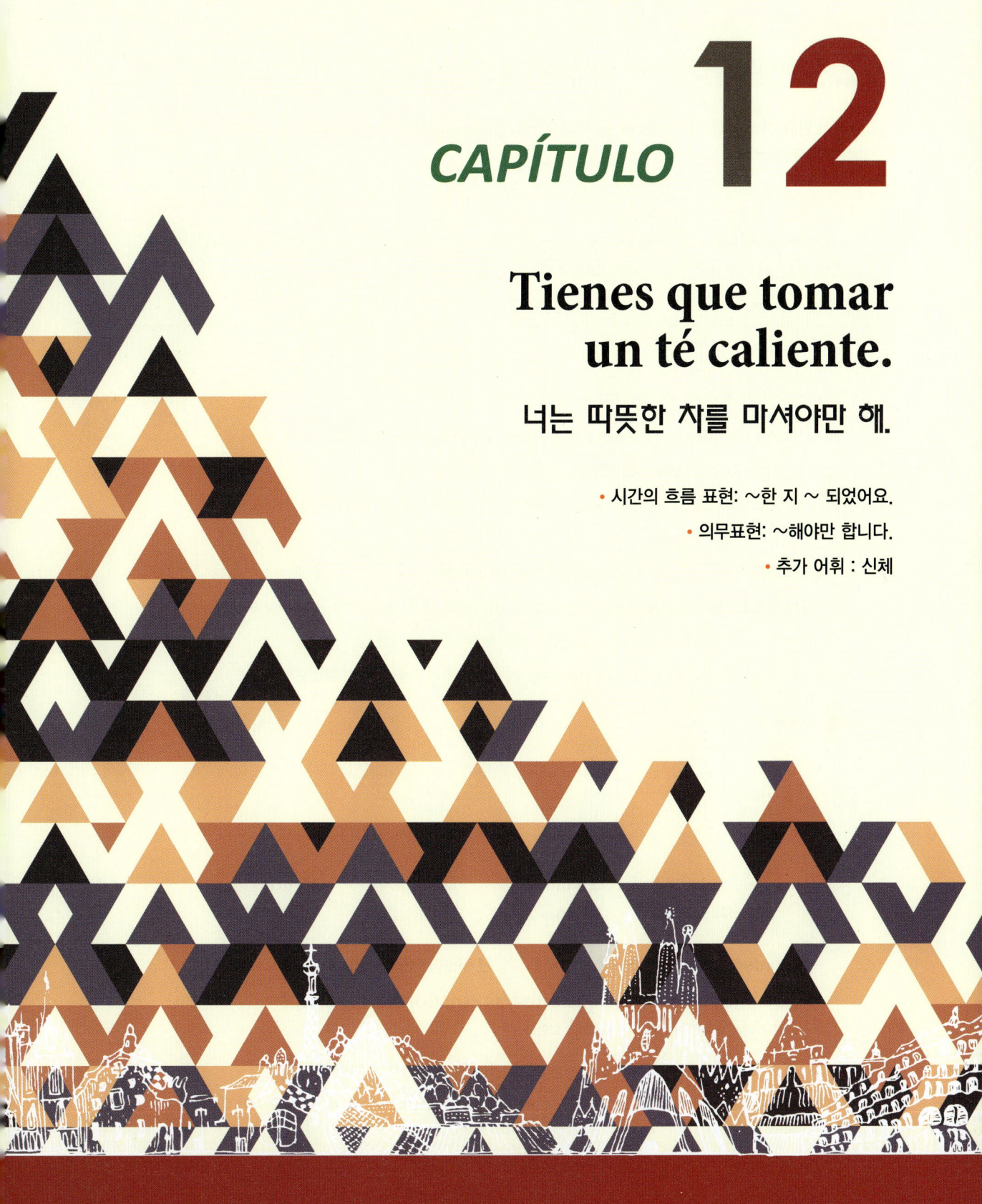

CAPÍTULO 12

Tienes que tomar un té caliente.

너는 따뜻한 차를 마셔야만 해.

- 시간의 흐름 표현: ~한 지 ~ 되었어요.
- 의무표현: ~해야만 합니다.
- 추가 어휘 : 신체

문법 Gramática

시간의 흐름 표현: ~한 지 ~ 되었어요.

'하다, 만들다'의 뜻을 가진 hacer 동사의 3인칭 단수형 hace를 써서, '~한 지 얼마나 되었다'라는 시간의 흐름을 표현합니다.

| 질문 |

¿Cuánto tiempo (cuántas semanas, cuántos meses…) hace que + 동사(현재형) ~?
언제부터 ~하고 있나요? (~한 지 얼마나 되었나요?)

 tiempo *m.* 시간

| 대답 |

1. Hace + 기간 + que ~: ~한 지 ~ (기간) 되었어요.

   Hace tres meses que estudio español. 스페인어를 공부한 지 3개월이 되었어요.

   Hace un año que vivo en Seúl. 서울에 산 지 1년이 되었어요.

   Hace mucho tiempo que no nos vemos. 우리 서로 못 본 지 엄청 오래되었어요.

2. Desde hace + 기간: ~ (기간) 전부터 ~을 해 왔어요.

   Desde hace tres meses estudio español. 3개월 전부터 스페인어를 공부해 왔어요.

   Desde hace un año vivo en Seúl. 서울에 산 지 1년이 되었어요.

   Desde hace mucho tiempo no nos vemos. 우리 서로 못 본 지 엄청 오래되었어요.

 desde (장소, 시간) ~부터

 주목! Ojo!

※ 시간 단위

(el) segundo 초   (el) minuto 분   (la) hora 시간   (el) día 일, 날
(la) semana 주   (el) mes 월   (el) año 해, 년

¿Cuánto/a/os/as + 단위~? 의 형태로 다양한 질문이 가능합니다.

¿Cuántos meses hace que estudias español en esta clase?
이 수업에서 스페인어를 공부한 지 몇 달 되었나요?

¿Cuántos años hace que vives en Seúl? 서울에서 산 지 몇 년 되었나요?

¿Cuántas horas hace que esperas el autobús? 버스를 기다린 지 몇 시간 되었나요?

의무 표현: ～해야만 합니다.

'～해야 한다'라고 의무를 표현할 때, 특정 주어의 의무를 말할 때는 'tener que/ deber + 동사원형', 불특정 다수의 의무를 말할 때는 'hay que + 동사원형'의 형태를 씁니다.

• 특정 대상의 의무를 말할 때

$$\left.\begin{array}{l} \text{tener que} \\ \text{deber} \end{array}\right\} + \text{동사원형}$$

Tengo que tomar la medicina. 나는 약을 복용해야만 합니다.
¿Qué número del autobús tenemos que coger? 우리 몇 번 버스를 타야만 하나요?
Tienes que hacer ejercicio. 너는 운동을 해야 해.
Debemos despertarnos a las seis de la mañana. 우리는 오전 6시에 일어나야만 합니다.
Debo dejar de fumar. 나는 담배를 끊어야만 합니다.
Juan debe descansar el fin de semana. 후안은 주말에 쉬어야만 합니다.

 deber ～해야 한다, 책임을 지다.

• 불특정 다수의 의무를 말할 때

$$\text{hay que} + \text{동사원형}$$

Hay que hacer ejercicio para la salud. 건강을 위해 운동을 해야 합니다.
Hay que hablar bajo en la biblioteca. 도서관에서는 작은 목소리로 말해야 합니다.
No hay que tomar fotos en el museo. 박물관 내에서는 사진을 찍으면 안됩니다.
No hay que conducir deprisa. 급하게 운전하지 말아야 합니다.

Ejercicios 학습한 내용을 바탕으로 다음 우리말을 스페인어로 말해 보세요.

1. 나는 스페인어를 공부한 지 2개월이 되었습니다. _____
2. 이 회사에서 근무한 지 얼마나 되었나요? _____
3. 우리는 먹기 전에 손을 씻어야만 합니다. _____

정답 | 1. Hace dos meses que estudio español. 2. ¿Cuánto tiempo hace que trabajas en esta compañia?
3. (Nosotros) tenemos que lavarnos las manos antes de comer.

회화 Conversación

 Track 29

Ana	¿Qué tienes Fabio?
Fabio	Me siento muy mal. Tengo mucho dolor de cabeza y un poco de fiebre.
Ana	Me parece que tienes gripe y debes ir al hospital primero.
Fabio	Pero hoy es fiesta y todos están cerrados. ¿Qué tengo que hacer?
Ana	Entonces tienes que tomar un té caliente y descansar en casa.
Fabio	Bueno, muchas gracias por tu consejo. Eres muy amable.
Ana	De nada. ¡Ojalá que te mejores pronto!
Fabio	Gracias Ana. ¡Nos vemos luego!
Ana	Cuídate.

해석

아나: 파비오 무슨 일 있어?
파비오: 나 컨디션이 너무 별로야. 머리도 많이 아프고, 열도 좀 있는 것 같아.
아나: 내 생각에는 감기 걸린 것 같은데, 병원에 먼저 가 보는 게 좋을 것 같아.
파비오: 하지만 오늘 공휴일이라 병원이 모두 문을 닫았어. 뭘 해야 하는 거지?
아나: 그럼 따뜻한 차를 좀 마시고 집에서 쉬어야 해.
파비오: 그래, 조언해 줘서 너무 고마워. 참 친절하구나.
아나: 아니야, 빨리 나았으면 좋겠어!
파비오: 고마워 아나. 나중에 보자!
아나: 조심해!

새 단어

sentirse 느끼다
fiebre *f.* 열
fiesta *f.* 파티, 축제, 공휴일
té *m.* 차
caliente 따뜻한
consejo *m.* 조언, 충고

새 표현

¡Ojalá que te mejores pronto!
빨리 나아지길 바랄게! (tú 에게)
Cuídate 조심해 (tú 에게)

추가 어휘 Vocabulario

신체

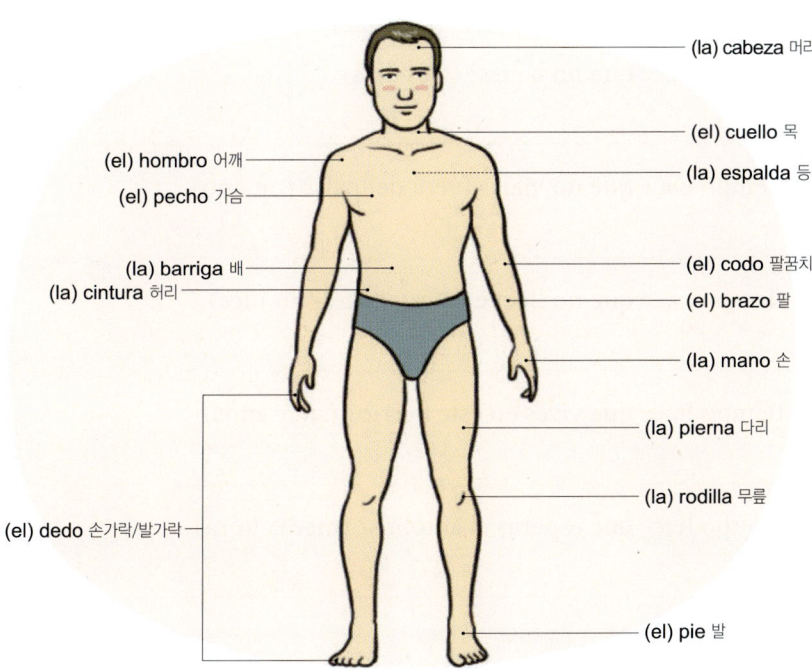

(el) cuerpo 몸
- (la) cabeza 머리
- (el) cuello 목
- (el) hombro 어깨
- (la) espalda 등
- (el) pecho 가슴
- (la) barriga 배
- (el) codo 팔꿈치
- (la) cintura 허리
- (el) brazo 팔
- (la) mano 손
- (la) pierna 다리
- (la) rodilla 무릎
- (el) dedo 손가락/발가락
- (el) pie 발

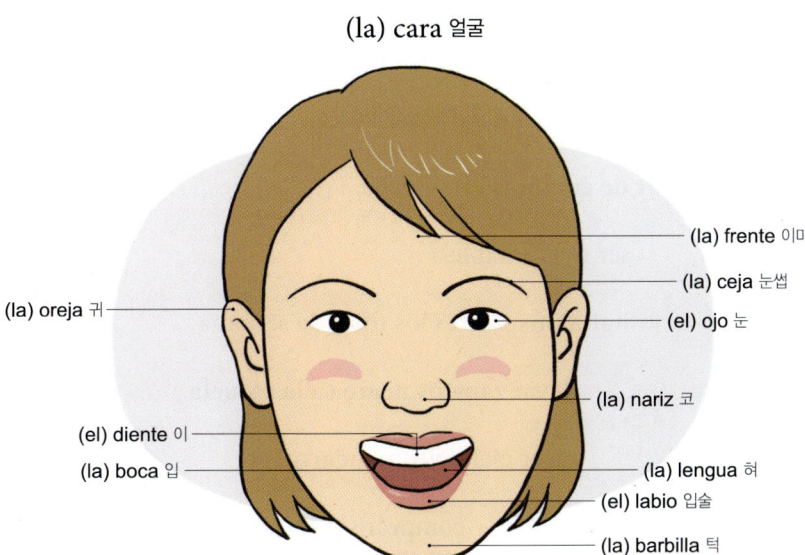

(la) cara 얼굴
- (la) frente 이마
- (la) ceja 눈썹
- (la) oreja 귀
- (el) ojo 눈
- (la) nariz 코
- (el) diente 이
- (la) lengua 혀
- (la) boca 입
- (el) labio 입술
- (la) barbilla 턱

12. Tienes que tomar un té caliente.

연습문제 Práctica

1 'hace ~ que~'를 사용하여 다음 질문에 답해 보세요.

1) ¿Cuánto tiempo hace que no vas a la escuela? (una semana)
   ⇒ _____.

2) ¿Cuánto tiempo hace que no bebes? (tres días)
   ⇒ _____.

3) ¿Cuánto tiempo hace que no viajas fuera del país? (un año)
   ⇒ _____.

4) ¿Cuánto tiempo hace que no llueve en este país? (un mes)
   ⇒ _____.

5) ¿Cuánto tiempo hace que vives en este barrio? (siete años)
   ⇒ _____.

6) ¿Cuánto tiempo hace que esperas el autobús? (media hora)
   ⇒ _____.

단어 fuera de ~ 밖에   país *m.* 나라, 국가   barrio *m.* 구역, 동네

2 'tener que ~'를 사용하여 다음 문장을 완성해 보세요.

1) Nosotros _____ trabajar en el hospital de lunes a viernes.

2) Tú _____ ir a la oficina del doctor Pérez.

3) Ella _____ ir de compras esta noche.

4) Usted _____ ser más amable.

5) Yo _____ visitar a mis padres los fines de semana.

6) Los niños _____ llevar zapatos negros a la escuela.

7) Nosotros _____ hacer ejercicios regularmente.

8) ¿Cuántas manzanas _____ comprar (yo)?

단어 doctor/a *m.f.* 의사, 박사, 학자   ir de compras 쇼핑 가다

3 deber 동사를 사용하여 다음 문장을 완성해 보세요.

1) Carla _____ ahorrar más dinero si quiere viajar.

2) Ud. _____ buscar una clínica especializada.

3) Nosotros _____ visitar los museos en esa ciudad.

4) La niña _____ tomar la medicina tres veces al día.

5) Ellos _____ llevar ropa formal para la reunión.

6) Yo _____ tomar alguna vitamina para el cansancio.

7) Tú _____ lavarte las manos antes de comer.

8) Vosotros _____ salir ahora mismo para no llegar tarde.

단어 ahorrar 절약하다, 저축하다 clínica *f.* 의원 especializado/a 전문의, 전공의 ropa *f.* 옷 formal 정식의 vitamina *f.* 비타민 cansancio *m.* 피로, 피곤

4 문제를 듣고 질문에 답해 보세요. 🎧 Track 30

1) ¿Cuánto tiempo hace que Ana vive en España?
   _____ .

2) ¿Cuál es la profesión de Ana?
   _____ .

3) ¿Qué hace después de la clase normalmente?
   _____ .

4) ¿Qué tenemos que hacer para mejorar el español?
   _____ .

단어 mejorar 개선하다, 더 좋게하다

문화 Cultura

바쁜 일상 속, 한낮의 보상 '시에스타'(Siesta)

시에스타(Siesta)는 스페인, 이탈리아, 그리스 등 지중해 연안 국가와 라틴 아메리카 국가에서 행해지고 있는 낮잠자는 풍습을 말합니다. 스페인어 '시에스타'는 '여섯 번째 시간'이라는 의미의 'hora sexta'에서 유래된 단어입니다.

한낮의 무더위로 업무의 능률이 오르지 않자, 가장 무더운 낮 시간에 2~3시간 정도 낮잠을 자 원기를 회복하고 업무의 능률을 높이자는 취지에서 시작되었다고 합니다. 시에스타를 즐기는 국가마다 약간의 차이는 있지만 보통 오후 1시~4시 사이 2~3시간 동안이 일반적입니다.

시에스타가 노동생산성을 떨어뜨린다는 의견에 따라 2006년 이후 일반 회사와 정부 기관에서는 시행을 폐지했지만, 관광지를 제외한 지역의 상점들은 여전히 점심시간이 시작되는 오후 1~2시부터 4~5시까지 시에스타 시간을 갖고 있습니다.

카페와 음식점을 제외한 대부분의 상점들이 셔터를 내리며, 은행을 비롯한 주민센터, 경찰서 등의 관공서 업무도 보통 오후 2시면 끝나는 것이 일반적입니다.

이러한 이유로 스페인을 방문한 외국인들이 관광 시에 시에스타 시간과 맞물려 쇼핑을 못하거나 식사를 하지 못하는 일이 종종 발생하기도 합니다.

시에스타를 라틴 아메리카인들의 게으름이나 끈기 부족의 상징으로 해석하는 일부 시각도 있지만, 과학적인 연구 결과, 30분 정도의 짧은 낮잠은 원기를 회복하고 지적, 정신적 능력을 향상시키는 효과가 있다고 하니 어쩌면 더 나은 업무의 효율성을 위해 유지해도 괜찮은 문화로 볼 수도 있습니다.

CAPÍTULO 13

Me gusta el color rojo.
나는 빨간색을 좋아해요.

- gustar 동사
- gustar류 동사
- 추가 어휘 : 의류 및 신발, 색깔

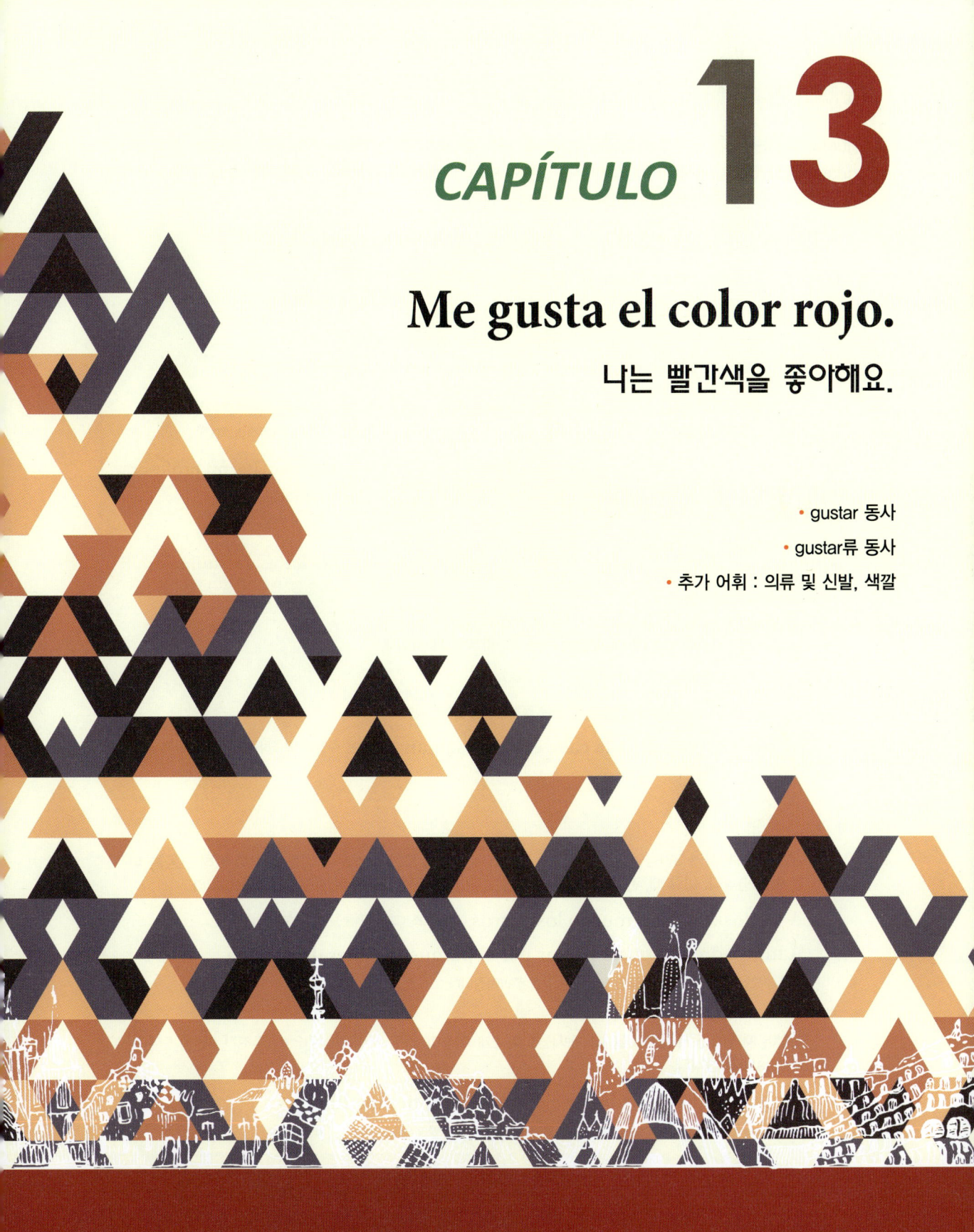

문법 Gramática

gustar 동사

gustar 동사는 '~가 ~에게 즐거움을 주다', 즉 '~를 좋아하다'라는 의미의 선호도를 나타내는 동사입니다. gustar 동사가 쓰인 문장은 일반적인 문장 구조와 달리, '~에게'에 해당하는 간접목적대명사가 주어의 역할을 하고, '~가'에 해당하는 주어가 목적어의 역할을 합니다.

Yo gusto este libro. (X) 나는 이 책을 좋아한다.

(A mí) Me gusta este libro. (O) 나는 이 책을 좋아한다.

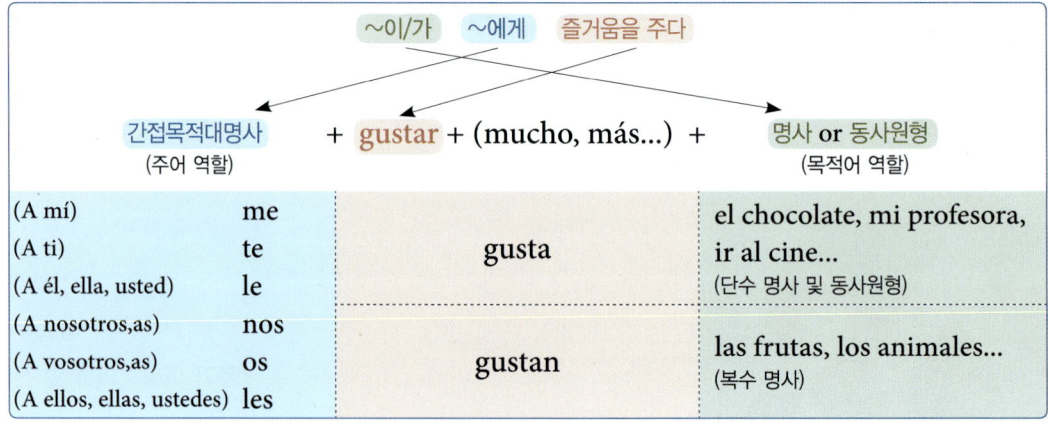

Me gusta el pastel de chocolate. 나는 초콜릿 케이크를 좋아해.

¿Qué te gusta comer? 너는 뭐 먹는 것 좋아해?

A ellos les gusta el flamenco. 그들은 플라멩코를 좋아합니다.

A Juan no le gusta salir a la calle el fin de semana. 후안은 주말에 외출하는 것을 좋아하지 않습니다.

 주목! Ojo!

- 간접목적대명사가 3인칭일 경우, 대상이 정확히 누구인지 모르기 때문에 이를 정확히 밝혀 혼동을 피할 수 있습니다. 이럴 때, 간접목적대명사 앞에 'a + 간접목적어'의 중복형 구조를 이용합니다.

    A Carlos le gustan mucho los perros. 까를로스 (그는) 개들을 매우 좋아합니다.

    A mis padres les gusta pasear por el parque los fines de semana.
    우리 부모님께서는 주말마다 공원 산책하는 것을 좋아하십니다.

- 목적어 자리에 동사원형이 올 때, 동사원형이 2개 이상 와도 개수에 상관없이 무조건 3인칭 단수동사 gusta를 씁니다.

    Me gusta ir al cine y hacer ejercicio en mi tiempo libre.
    나는 여가시간에 영화관에 가고 운동하는 것을 좋아합니다.

gustar류 동사

gustar 동사와 같은 구조로 쓰이는 동사들은 다음과 같습니다.

doler 통증이 있다	¿Qué te duele? 너는 어디가 아픈거니? Me duele el estómago. 나는 배가 아파.
quedar 어울리다, 남다	¿Cómo me queda este vestido? 이 원피스 나한테 어때? Te queda muy bien. 완전 잘 어울린다.
faltar 모자라다	Me falta un euro. 1유로가 모자라는데요.
encantar (굉장히) 좋아하다	Nos encanta aprender español. 우리들은 스페인어 배우는 것을 굉장히 좋아합니다.
molestar 방해하다	¿Te molesta abrir la ventana? 창문을 여는 것이 너에게 방해가 될까? (창문 열어도 될까?)
importar 중요하다	No me importa. 나에게 중요하지 않아요. (상관없어요.)
interesar 관심있다	Me interesa mucho aquel hombre guapo. 나는 저 잘생긴 남자에게 매우 관심이 있습니다.

주목! Ojo!

gustar 및 gustar류 동사들에 대한 동의 및 반의의 표현은 다음과 같습니다.

동의	A: Me gusta el gato. 나는 고양이를 좋아해. B: A mí también. 나도 좋아해. (Yo también. (X))	* también 또한, 역시 (긍정)
	A: No me gusta el pepino. 나는 오이를 좋아하지 않아. B: A mí tampoco. 나도 싫어. (Yo tampoco. (X))	* tampoco 또한, 역시 (부정)
반의	A: Me gustan las flores. 나는 꽃들을 좋아해. B: A mí no. 나는 싫어. (Yo no. (X))	
	A: No me gusta el verano. 나는 여름을 좋아하지 않아. B: A mí sí. 나는 좋아해. (Yo sí. (X))	

Ejercicios 학습한 내용을 바탕으로 다음 우리말을 스페인어로 말해 보세요.

1. 나는 노래하고 춤추는 것을 좋아합니다. _____
2. 너는 주말에 뭐 하는 것을 좋아하니? _____
3. 우리는 라틴음악 듣는 것을 좋아합니다. _____

정답 | 1. Me gusta cantar y bailar. 2. ¿Qué te gusta hacer el fin de semana? 3. Nos gusta escuchar música latina.

회화 Conversación

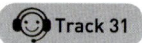

해석

까르멘: 이 원피스들 중에 어떤 게 나한테 더 잘 어울려?
엘레나: 나는 빨간색을 좋아하지만, 내가 보기에 너한텐 파란색이 더 잘 어울리는 것 같아.
까르멘: 그럼 이 파란색 원피스로 살게. 그건 그렇고 우리 점심 뭐 먹을까?
엘레나: 나는 멕시코 음식 먹고 싶은데. 너는?
까르멘: 나는 아무거나 상관없어.
엘레나: 여기 근처에 진짜 괜찮은 음식점이 하나 있어. 우리 거기서 점심 먹자. 어때?
까르멘: 좋아. 그리고 우리 영화 한 편 보자.
엘레나: 그래, 나 영화 보러 가는 것 엄청 좋아해.

Carmen	¿Cuál de estos vestidos me queda mejor?
Elena	Me gusta el color rojo, pero me parece que te queda mejor el azul.
Carmen	Entonces voy a comprar este azul. A propósito, ¿qué vamos a comer?
Elena	Quiero comida mexicana. ¿Y tú qué quieres?
Carmen	No me importa cualquiera.
Elena	Hay un restaurante muy bueno cerca de aquí. Vamos a comer allí. ¿Vale?
Carmen	De acuerdo. Y luego vamos a ver una película.
Elena	Sí, me gusta mucho ir al cine.

새 단어

vestido m. 원피스
rojo/a 붉은, 빨간색
azul 푸른, 파란색
cualquiera 어떤 것이라도, 아무거나

새 표현

A propósito 그건 그렇고

추가 어휘 Vocabulario

의류 및 신발

(el) abrigo 외투, 코트
(la) camisa 셔츠
(la) blusa 블라우스
(la) camiseta 티셔츠
(los) pantalones 바지
(la) falda 치마
(el) traje 양복
(el) vestido 원피스
(los) zapatos 구두
(los) tacones 구두 (힐)
(las) sandalias 샌들
(las) botas 부츠
(las) zapatillas deportivas / (el) tenis 운동화
(el) reloj 손목시계
(el) cinturón 벨트

색깔

명사		형용사	
(el) rojo	빨간색	rojo/a	빨간색의
(el) naranja	주황색	anaranjado/a	주황색의
(el) amarillo	노란색	amarillo/a	노란색의
(el) verde	초록색	verde	초록색의
(el) azul	파란색	azul	파란색의
(el) morado	보라색	morado/a	보라색의
(el) negro	검은색	negro/a	검은색의
(el) blanco	흰색	blanco/a	흰색의
(el) rosa	분홍색	rosado/a	분홍색의

연습문제 Práctica

1 간접목적대명사와 gustar 동사의 알맞은 형태를 넣어 문장을 완성해 보세요.

1) A María y a ti _____ el béisbol.

2) A nosotros _____ mucho ir al cine.

3) A ustedes _____ beber vino.

4) A mí _____ el té y el café.

5) A ti _____ más comer los panes.

6) A ella _____ ver la televisión y escuchar la música.

7) A nosotros no _____ la carne.

8) A mí _____ cantar y bailar.

단어 béisbol *m.* 야구 té *m.* 차 pan *m.* 빵

2 주어진 말을 사용하여 다음 질문에 답해 보세요.

1) ¿Qué comida te gusta? (la paella y el pollo frito)
   ⇒ _____ .

2) ¿Qué te gusta hacer después de la clase? (jugar al fútbol)
   ⇒ _____ .

3) ¿Qué le gusta tomar a Juan? (el café con leche)
   ⇒ _____ .

4) ¿Qué bebida os gusta? (los refrescos y los zumos)
   ⇒ _____ .

5) ¿Qué te gusta leer? (los periódicos y las revistas)
   ⇒ _____ .

단어 paella *f.* 빠에야 (스페인식 해산물볶음밥) pollo frito *m.* 후라이드 치킨 café con leche *m.* 카페라떼 refresco *m.* 음료
zumo *m.* 쥬스 periódico *m.* 신문 revista *f.* 잡지

3 다음 빈칸에 gustar와 gustar류 동사를 넣어 문장을 완성해 보세요.

1) ¿Qué _____? (A ti, doler)

2) _____ las piernas. (A mí, doler)

3) A Juan _____ jugar al fútbol y el béisbol. (encantar)

4) A nosotros _____ cantar y bailar. (gustar)

5) No _____ bien este sombrero. Está un poco pequeño para mí. (A mí, quedar)

6) ¿_____ fumar? (A ti, molestar)

7) ¿_____ (A vosotros, encantar) tomar el sol en la playa?

8) A Carmen _____ mucho aprender los idiomas extranjeros. (interesar)

단어 tomar el sol 일광욕하다   playa *f.* 해변   idioma *m.* 언어   extranjero/a 외국의   sombrero *m.* 모자

4 문제를 듣고 질문에 답해 보세요.　　　　　　　　　　　　　Track 32

1) ¿Qué le gusta hacer al hombre en su tiempo libre?
_____.

2) ¿Por qué no puede jugar al golf él estos días?
_____.

3) ¿Qué le gusta hacer a la mujer en su tiempo libre?
_____.

4) ¿Qué tipo de película no le gusta a ella?
_____.

단어 obras de teatro 연극 공연들   tipo *m.* 종류   horror *m.* 공포

문화 Cultura

스페인의 음식문화

바다로 둘러싸인 반도국가 스페인은 해산물 생산량이 높아 해산물이 주요 식재료로 사용되고 있으며, 이로 인해 해산물 요리가 발달해 있습니다. 유럽 국가들 중 쌀을 가장 많이 소비하며 매콤한 요리를 해먹는다는 점은 한국인의 입맛과 유사한 점이기도 합니다.

스페인의 대표 음식으로는 다음을 꼽을 수 있습니다.

1. 빠에야(Paella)

스페인의 동부 발렌시아(Valencia) 지방에서 시작된 빠에야는 올리브 기름을 두른 팬에 쌀과 향신료 사프란을 넣고 야채, 돼지고기, 닭고기 등과 같은 다양한 재료를 넣어 만드는 볶음밥으로 홍합, 모시조개, 새우 등과 같은 해산물을 넣어 모양을 냅니다.

2. 하몬(Jamón)

하몬은 돼지 뒷다리를 소금에 절여 건조시켜 만든 생햄입니다. 냉장시설이 없던 시절, 장기간 보관하기 위한 저장법으로 탄생한 음식입니다. 북부의 날씨는 습도가 높아 자연 건조시키기에 적당하지 않아, 주로 중남부 지역에서 생산되고 있습니다. 스페인 사람들은 하몬에 대한 자부심이 강하며, 지역마다 사료나 운동량, 숙성시키는 과정 등에 따라 맛에 차이가 있습니다.

3. 따빠쓰 (Tapas)

'덮다, 가리다'라는 스페인어 tapar [따빠르]라는 동사에서 유래된 이름으로, 안달루시아 지역에서 와인잔 위에 음식을 올려서 낸 데서 기원했다고 보는 의견이 많습니다. 가장 기본적인 타파스는 맥주나 와인에 곁들여 먹는 한입 크기의 요리, 혹은 그 재료를 스낵이나 빵 위에 얹어 만든 것이 일반적입니다.

CAPÍTULO 14

¿Qué estás haciendo ahora?
지금 뭐 하는 중이니?

- 현재진행형
- llevar 동사 + 현재분사 + 기간
- 추가 어휘 : 숫자 101~1,000 (기수), 숫자 1~10 (서수)

문법 Gramática

현재진행형

'estar 동사 + 현재분사'를 쓰면 '～하고 있는 중이다'라는 현재진행시제가 됩니다.

인칭대명사	estar 동사		현재분사
yo	estoy		
tú	estás		
usted, él, ella	está	+	estudiando
nosotros	estamos		bebiendo
vosotros	estáis		escribiendo
ustedes, ellos, ellas	están		

• 현재분사의 규칙형

－ar형 동사 : 어근 + －ando	－er/－ir형 동사 : 어근 + －iendo
esperar → esperando	hacer → haciendo
tomar → tomando	subir → subiendo
hablar → hablando	salir → saliendo

Marcela **está enseñando** español a sus alumnos.
마르셀라는 그녀의 학생들에게 스페인어를 가르치고 있는 중입니다.

Estoy bebiendo cerveza con mis amigos. 나는 친구들과 맥주를 마시고 있는 중입니다.

Nosotros **estamos escribiendo** unas cartas. 우리들은 몇 통의 편지들을 쓰고 있는 중입니다.

• 현재분사의 불규칙형

> • 어간모음 e → i
> decir → diciendo, pedir → pidiendo, venir → viniendo, repetir → repitiendo
>
> • 어간모음 o → u
> dormir → durmiendo, morir → muriendo, poder → pudiendo
>
> • －er/－ir 형 동사에 붙는 －iendo → －yendo
> caer → cayendo, creer → creyendo, leer → leyendo, oír → oyendo,
> traer → trayendo, ir → yendo

단어 decir 말하다 pedir 요구하다 repetir 반복하다 caer 떨어지다 creer 믿다 oír 듣다 traer 가지고 오다

Estoy yendo a la escuela. 나는 학교에 가고 있는 중입니다.

El camarero **está trayendo** la comida. 웨이터가 음식을 가지고 오는 중입니다.

El papá de Juan **está diciendo** algo a su hijo. 후안의 아빠는 그의 아들에게 뭔가를 얘기하고 있는 중입니다.

Estoy muriendo por verte. 나는 네가 보고 싶어 죽겠어.

* estar 동사 + muriendo por ~하고 싶어 죽겠어

llevar 동사 + 현재분사 + 기간

> llevar 동사 + 현재분사 + 기간 : ~한 지 ~(기간) 됐다. / ~째 ~하고 있다.

¿Cuánto tiempo **llevas viviendo** en este barrio? 이 동네에서 산 지 얼마나 됐어?

Llevo viviendo dos años. 나는 이 동네에서 2년째 살고있어.

Llevo estudiando español seis meses. 나는 스페인어를 6개월째 공부하고 있어.

Llevo trabajando ocho años en esta compañía. 나는 이 회사에서 8년째 일하고 있어.

Llevo saliendo con ella cinco años. 나는 그녀와 5년째 사귀고 있어.

 주목! Ojo!

현재진행형 문장에서, 현재분사로 쓰인 동사가 재귀동사이거나, 직·간접목적대명사와 함께 쓰일 경우 대명사의 위치는 estar 동사 앞이거나, 현재분사 뒤에 한 단어처럼 붙여 씁니다. 이 때, 강세의 위치가 바뀌었기 때문에 원래 강세 자리에 악센트를 찍어 줍니다. p.19 강세 참조

Juan **lo** está viendo. = Juan está viéndo**lo**. 후안은 그것을 보고 있는 중이다.

Me estoy afeitando. = Estoy afeitándo**me**. 나는 면도하고 있는 중이다.

Se está lavando las manos. = Está lavándo**se** las manos. 그는 손을 씻고 있는 중이다.

Ejercicios 학습한 내용을 바탕으로 다음 우리말을 스페인어로 말해 보세요.

1. 나 배고파 죽겠어. _____

2. 너 지금 뭐 하는 중이야? _____

3. 저는 서울에 산 지 3년이 되었습니다. _____

 배고픔 (la) hambre

정답 | 1. Yo estoy muriendo por tener hambre.　2. ¿Qué estás haciendo ahora?　3. Yo llevo viviendo tres años en Seúl.

회화 Conversación

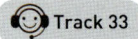

Pedro	Hola. Sandra. ¿Qué estás haciendo ahora?
Sandra	Ahora estoy esperando a Ana en la cafetería. Vamos a ir de compras. ¿Quieres ir con nosotras?
Pedro	No, gracias. Lo que pasa es que hoy es mi cumpleaños y voy a dar una fiesta esta noche. ¿Puedes venir?
Sandra	¡Feliz cumpleaños! Claro que sí. ¿Vas a invitar a mucha gente?
Pedro	Solo a mis compañeros de la clase y a otros amigos también.
Sandra	Muy bien. ¿Necesitas mi ayuda?
Pedro	No, no necesito nada. Ahora estoy comprando comida y bebidas en el supermercado.
Sandra	Vale. Entonces nos vemos pronto.

해석

베드로: 안녕, 산드라. 너 지금 뭐해?
산드라: 지금 커피숍에서 아나 기다리는 중이야. 우리 쇼핑하러 가려고. 너도 같이 갈래?
베드로: 아니야, 괜찮아. 사실은 오늘 내 생일이거든. 그래서 오늘밤에 파티 열려고 하는데 너 올 수 있어?
산드라: 생일 축하해! 물론이지. 사람들 많이 초대할 거야?
베드로: 그냥 우리반 친구들이랑 다른 친구들 초대하려고
산드라: 좋아. 도와줄까?
베드로: 아니야, 괜찮아. 지금 슈퍼마켓에서 음식이랑 음료들 좀 사고 있는 중이야.
산드라: 그래, 그럼 곧 보자!

새 단어
esperar 기다리다
cumpleaños m. 생일

새 표현
Lo que pasa es que.. 사실은..
dar una fiesta 파티를 열다
Claro que sí. 물론이지

추가 어휘 Vocabulario

 ## 숫자 101~1,000 (기수)

101	ciento uno	134	ciento treinta y cuatro
102	ciento dos	145	ciento cuarenta y cinco
103	ciento tres	200	doscientos
104	ciento cuatro	201	doscientos uno
105	ciento cinco	300	trescientos
106	ciento seis	378	trescientos setenta y ocho
107	ciento siete	400	cuatrocientos
108	ciento ocho	500	quinientos
109	ciento nueve	600	seiscientos
110	ciento diez	700	setecientos
111	ciento once	800	ochocientos
112	ciento doce	900	novecientos
123	ciento veintitrés	1,000	mil

 ## 숫자 1~10 (서수)

서수가 형용사 역할을 할 경우 '서수 + 명사' 순으로 쓰며, 꾸미는 명사에 성·수를 일치시켜야 합니다.

1º / 1ª	2º / 2ª	3º / 3ª	4º / 4ª	5º / 5ª
primero/a (primer)	segundo/a	tercero/a (tercer)	cuarto/a	quinto/a
6º / 6ª	7º / 7ª	8º / 8ª	9º / 9ª	10º / 10ª
sexto/a	séptimo/a	octavo/a	noveno/a	décimo/a

 주목! Ojo!

- primero와 tercero는 남성 단수명사 앞에서 어미 -o를 탈락시킵니다.

  Tú eres mi **primer** amor. 너는 나의 첫사랑이야.

  Luisa es mi **primera** novia. 루이사는 나의 첫 번째 여자친구입니다.

  La clínica está en el **tercer** piso de este edificio. 의원은 이 건물 3층에 있습니다.

연습문제 Práctica

1 주어진 단어를 사용해 다음을 현재진행형 문장으로 만들어 보세요.

1) Yo _____ (celebrar) mi cumpleaños en mi casa.

2) Ella _____ (comer) el pastel con sus amigas.

3) Ustedes _____ (decir) ¡Feliz cumpleaños! a su maestra.

4) Mi padre _____ (hacer) un video de la fiesta.

5) Mi hermano _____ (sacar) fotos del concierto.

단어 celebrar 기념하다, 축하하다   hacer un video 동영상을 촬영하다   sacar fotos 사진을 찍다

2 다음 그림을 보고 현재진행형 문장을 만들어 보세요.

1)

Luis _____ _____.
(escuchar música)

2) Sofía _____ _____.
(leer un libro)

3)

José y Lupe _____ _____.
(tomar helado)

4)

Carlos _____ _____.
(estudiar español)

5) Rosa _____ _____.
(dormir en el sofá)

6)

Jorge y Juan _____ _____.
(pasear por el parque)

3 다음을 보고 각 사물의 위치를 말해 보세요.

1층	cuadros	2층	televisores
3층	radios	4층	lámparas
5층	sillón	6층	camas

보기	Hay sillones en el quinto piso.

1) Hay camas en _____ piso.

2) Hay cuadros en _____ piso.

3) Hay radios en _____ piso.

4) Hay lámparas en _____ piso.

5) Hay televisores en _____ piso.

단어 lámpara *f.* 램프 sillón *m.* 소파 televisor *m.* 텔레비전 (수상기) radio *f.* 라디오 cuadro *m.* 그림, 액자 cama *f.* 침대

4 문제를 듣고 각 인물이 어디에서 무엇을 하는지 써 보세요. 🎧 Track 34

Quién	Dónde	Qué
1) Ana y sus amigos		
2) Pepe y su mujer		
3) Yo		

단어 evento *m.* 행사 importante 중요한 empresa *f.* 회사

문화 Cultura

멕시코의 음식문화

멕시코 음식은 중남미 음식 중 가장 많은 사랑을 받고 있으며, 2010년 유네스코 인류무형유산으로 지정되기도 했습니다.

오늘날의 멕시코 음식은 1492년 콜럼버스가 신대륙을 발견하기 이전부터 발달했던 원주민들의 토착문화와 스페인 정복기에 들어온 스페인의 음식문화, 스페인으로부터 독립 이후의 프랑스 음식문화 등이 융합되어 탄생된 것입니다.

멕시코는 옥수수, 고추, 감자, 고구마, 토마토, 아보카도, 카카오, 치클레(껌의 원료), 선인장 등의 원산지로 세계의 음식문화에 지대한 영향을 끼친 국가입니다. 그중에서도 특히 옥수수를 주식으로 하기 때문에 멕시코 하면 제일 먼저 떠오르는 것이 옥수수 문화입니다. 토양이 옥수수 재배에 적합하여 대규모 생산이 가능했으며, 기원전 7,000년경부터 옥수수를 재배했던 기록이 있습니다.

멕시코의 대표 음식들로는 다음을 꼽을 수 있습니다.

1. 따꼬 (Tacos)

멕시코의 대표적인 음식으로, 옥수수 또르띠야(Tortilla)에 고기나 콩, 야채, 치즈 등 취향에 따라 여러 가지 재료를 넣고 쌈을 싸듯 싸서 먹는 음식입니다.

2. 부리또 (Burrito)

밀가루 또르띠야에 잘 버무린 콩과 소고기 또는 닭고기, 각종 야채 등을 넣어 말아 싸서 먹는 음식으로 기호에 따라 소스를 뿌려 먹기도 합니다.

3. 께사디야 (Quesadilla)

밀가루 또르띠야 사이에 치즈, 고기, 해산물, 야채 등을 넣고 오븐에 구워먹는 요리입니다. 오븐에 조리한 께사디야는 한 입 크기로 잘라 접시에 담은 후 소스나 사워크림 등에 찍어 먹기도 합니다.

CAPÍTULO **15**

Si tengo un mes de vacaciones, viajaré por Europa.

만약 한 달의 휴가가 주어진다면, 나는 유럽을 여행할 거야.

- 미래시제
- 비교급
- 최상급
- 추가 어휘 : 여가, 취미활동

문법 Gramática

미래시제

미래시제 규칙형은 -ar, -er, -ir 동사 모두 동사원형에 인칭별 미래시제 어미를 붙여 씁니다.

인칭대명사		어미	estudiar 공부하다	comer 먹다	vivir 살다
yo	동사원형 +	-é	estudiaré	comeré	viviré
tú		-ás	estudiarás	comerás	vivirás
usted, él, ella		-á	estudiará	comerá	vivirá
nosotros/as		-emos	estudiaremos	comeremos	viviremos
vosotros/as		-éis	estudiaréis	comeréis	viviréis
ustedes, ellos, ellas		-án	estudiarán	comerán	vivirán

El año que viene yo estudiaré chino. 내년에 나는 중국어를 공부할 것입니다.

¿Qué comerás esta tarde? 오늘 오후에 뭐 먹을 거야?

다음 동사들은 미래시제 불규칙형으로, 변화한 어근에 미래형 어미를 붙여 씁니다.

saber → sabr–	venir → vendr–
tener → tendr–	decir → dir–
poder → podr–	poner → pondr–
hacer → har–	salir → saldr–
haber → habr–	querer → querr–

¿Vendrás a la fiesta de Luci? 너, 루시의 파티에 올 거야?

Tendré un mes de vacaciones. 나는 한 달간 휴가를 가질 예정입니다.

 주목! Ojo!

- 미래형 동사를 활용하여, 현재상황에서의 추측을 표현하기도 합니다.

    Serán las cinco más o menos. 아마도 5시쯤 되었을 거야.

    ¿Vendrá Jazmín a clase? 하스민이 과연 수업에 올까?

    ¿A qué hora llegará mi mamá? 엄마는 몇 시쯤 도착하실까?

    ¿Habrá mucha gente en el cine? 영화관에 사람이 많을까?

    ¿Quién será el ganador? 승자는 과연 누구일까?

비교급

우등비교 (~보다 더 ~하다)	열등비교 (~보다 덜 ~하다)
más + 형용사 / 명사 / 부사 + que	menos + 형용사 / 명사 / 부사 + que
동사 + más + que	동사 + menos + que

Seúl es más grande que Busan. 서울은 부산보다 더 큽니다.
Mario estudia más que Adrian. 마리오는 아드리안보다 더 공부합니다.
Juan come menos que Carlos. 후안은 까를로스보다 덜 먹습니다.

* 불규칙형 비교급 표현은 다음과 같습니다.

더 좋은: más bueno/a (X) → mejor	더 나쁜: más malo/a (X) → peor
나이가 더 많은: más grande (X) → mayor	더 어린: más pequeño/a (X) → menor

El coche es mejor que la bicicleta. 자동차가 자전거보다 더 좋습니다.
Ana es mayor que Claudia. 아나는 클라우디아보다 더 나이가 많습니다.

최상급

el/ la/ los/ las (정관사) + más/menos + 형용사 + de/en/entre
el/ la/ los/ las (정관사) + 명사 + más/menos + 형용사 + de/en/entre

María es la más hermosa de la clase. 마리아는 학급에서 가장 아름답습니다.
Él es el chico más bajo en el grupo. 그는 그룹에서 가장 키가 작은 소년입니다.
Este collar es el menos caro entre todos. 이 목걸이는 모든 것들 중에서 가장 덜 비쌉니다.

Ejercicios 학습한 내용을 바탕으로 다음 우리말을 스페인어로 말해 보세요.

1. 나는 내년부터 시골에 살 예정입니다. _____
2. 너 몇 시쯤 수업에 도착할 예정이야? _____
3. Marcela는 한국에서 가장 예쁜 스페인어 선생님입니다. _____

정답 | 1. Yo viviré en el campo desde el año que viene. 2. ¿A qué hora llegarás a la clase?
3. Marcela es la profesora de español más bonita en Corea.

회화 Conversación

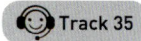

Ana	¿Cuándo será el último examen, Pedro?
Pedro	Será este viernes. Pero este examen será más difícil que los otros.
Ana	¡Ánimo, Pedro! Puedes recibir buena nota.
Pedro	Gracias Ana. Y desde el sábado empezarán las vacaciones. ¡Qué feliz! ¿Qué harás durante las vacaciones Ana?
Ana	Todavía no sé. Pero si tengo un mes de vacaciones, quiero viajar por Europa.
Pedro	Es una buena idea. En mi caso, visitaré otras ciudades del norte de este país.
Ana	Pero la verdad es que en el sur hay más lugares interesantes. Es recomendable viajar al sur.
Pedro	Gracias por tu consejo. Si pienso en el viaje, me siento muy emocionado.

해석

아나: 마지막 시험이 언제야, 뻬드로?
뻬드로: 이번 주 금요일이야. 그런데 그 시험이 다른 과목들보다 더 어려울 것 같아.
아나: 힘내 뻬드로! 좋은 성적 받을 수 있을 거야.
뻬드로: 고마워 아나. 그리고 나면 토요일부터 방학이 시작되는 거지. 너무 행복해! 아나 넌 방학 때 뭐 할 거야?
아나: 아직 잘 모르겠어. 만약 한 달간 방학이 주어진다면, 유럽을 여행하고 싶어.
뻬드로: 좋은 생각이다. 나는 이 나라 북쪽지역 다른 도시들을 방문할까 해.
아나: 괜찮은 생각이다! 그런데 남쪽지역에 흥미로운 곳들이 더 많은데.. 나는 남쪽지역 여행을 추천해.
뻬드로: 조언해 줘서 고마워. 여행을 생각하면 나는 너무 흥분이 돼.

새 단어

último/a 최근의, 마지막의
ciudad f. 도시
emocionado/a 흥분된, 격앙된
nota f. 점수, 성적
norte m. 북, 북쪽, 북부
sur m. 남, 남쪽, 남부
lugar m. 장소, 곳

새 표현

¡Qué feliz! 너무 행복해!
En mi caso 내 경우에는
La verdad es que 사실은
Es recomendable 추천할 만한

추가 어휘 Vocabulario

여가, 취미활동

ir al cine
영화관에 가다

montar en bicicleta
자전거 타다

escuchar música
음악을 듣다

tocar un instrumento
악기를 연주하다

correr (trotar)
달리다, 조깅하다

dar un paseo
산책하다

sacar(tomar) fotos
사진을 찍다

hacer ejercicio
운동하다

ver la televisión
텔레비전을 보다

salir con los amigos
친구들과 외출하다

navegar por Internet
인터넷 서핑하다

viajar
여행하다

ir de compras
쇼핑가다

pintar
그림을 그리다

visitar el museo
박물관(미술관 등)에 가다

cocinar
요리하다

15. Si tengo un mes de vacaciones, viajaré por Europa.

연습문제 Práctica

1 다음 문장을 읽고 알맞은 '미래형' 동사를 넣어 문장을 완성해 보세요.

1) Esta tarde _____ (venir) el abuelo.

2) No _____ (llover) mañana.

3) ¿Qué _____ (hacer) tú el próximo sábado?

4) Si tengo un año de vacaciones, _____ (viajar) por todo el mundo.

5) ¿Quién _____ (ser)?

6) Mañana _____ (salir, usted) de viaje.

7) La reunión _____ (ser) en casa de Jaime.

8) Ellas nunca _____ (decir) la verdad.

9) Hasta mañana no _____ (saber, vosotros) el resultado.

10) (leer, ustedes) _____ la noticia en el periódico.

단어 resultado *m.* 결과   noticia *f.* 소식

2 주어진 단어를 사용하여 '미래형' 문장을 만들어 보세요.

1) Rosa / tener / una buena profesión
   _____.

2) Julio / poder / escoger su universidad
   _____.

3) Carlos / decir / su verdadera profesión
   _____.

4) Lucía y yo / saber / nuestra nota final
   _____.

5) Ricardo / hacer / muchas preguntas
   _____.

단어 profesión *f.* 직업   escoger 선택하다   verdadero/a 진실의, 진짜의   nota *f.* 점수, 메모   pregunta *f.* 질문, 문의

3 다음 내용을 읽고 〈보기〉와 같이 문장을 만들어 보세요.

| 보기 | Juan: 60kg / Mario: 70kg
⇒ Juan es más delgado que Marío.
⇒ Mario es más gordo que Juan. |

1) Ana: 165cm / Sandra : 158cm

   ⇒ _____.

   ⇒ _____.

2) Bella: 40세 / Rosa: 30세

   ⇒ _____.

   ⇒ _____.

3) 사과: 3만 5천원 / 오렌지: 5만원

   ⇒ _____.

   ⇒ _____.

4) Ricardo: 5권의 책 소유 / Clara: 10권의 책 소유

   ⇒ _____.

   ⇒ _____.

4 문제를 듣고 각 인물이 원하는 직업을 찾아 보세요. 🎧 Track 36

1) Lucía   ⓐ enfermera

2) Sofía   ⓑ arquitecto/a

3) José   ⓒ azafato/a

4) Julio   ⓓ pintor/a

단어 azafato/a *m.f.* 승무원   cuidar 돌보다, 보호하다   enfermo/a 아픈, 아픈 사람   paciente *m.f.* 환자   precioso/a 아름다운, 멋진

문화 Cultura

강렬한 유혹, 라틴 음악과 라틴 댄스

라틴 음악이라 불리는 중남미 음악은 원주민 인디언과 유럽인, 아프리카계 흑인 세 인종의 음악성이 혼합되어 중남미 일대 라틴계 민족 사이에서 새롭게 발달한 대중음악입니다. 세계적인 라틴 리듬은 대부분 쿠바의 '송'이라는 리듬의 변형에서 비롯된 음악들이며, 룸바, 맘보, 차차차 등과 같은 다양한 댄스 리듬을 낳았습니다.

가장 유명한 라틴 음악 및 댄스로 '살사'(Salsa)를 들 수 있습니다. 우리나라에서도 인기가 많은 라틴 댄스로, 쿠바의 리듬에 로큰롤, 소울, 재즈 등의 리듬이 혼합된 음악과 춤입니다. '살사'라는 이름은 스페인어의 '소금'(Sal)과 '소스'(Salsa)에서 비롯되었습니다. 마을 축제나 파티에서 자유롭게 즐기는 가장 대중적인 춤으로, 남녀가 마주 서서 밀고 당기는 기본 스텝과 손을 엇갈려 잡은 후 복잡한 턴을 섞은 응용 동작 등으로 구성되어 있습니다.

살사만큼 유명한 라틴 댄스는 남미 아르헨티나를 대표하는 탱고(Tango)입니다. 탱고는 리오 데 라 쁠라따(Río de la Plata)강 유역에 자리잡은 아르헨티나의 부에노스아이레스와 우루과이의 몬테비데오 하층민들에 의해 생겨난 춤입니다.

이 지역은 이주 유럽인과 아프리카 노예들, 원주민 후손들이 함께 살아가고 있었고, 이러한 가운데 다양한 풍습과 신앙, 의례 등이 통합되고 변형되며 독특한 문화가 생겨났습니다. 이러한 특징을 가장 훌륭하게 표현한 것이 바로 탱고의 음악과 춤, 그리고 가사였습니다.

이렇듯 탱고는 다양한 인종과 문화적 소통을 하는 역할을 하고 있습니다. 오늘날 부에노스아이레스와 몬테비데오의 전통댄스홀, 밀롱가(Milonga)에서 연행되고 있으며, 2009년에는 유네스코 인류무형문화유산으로 등재되기도 했습니다.

CAPÍTULO 16

¿Ya has llegado al aeropuerto?
너 벌써 공항에 도착했어?

- 현재완료
- acabar de + 동사원형: 방금~했다
- 추가 어휘 : 공항에서, 여행

문법 Gramática

현재완료

'haber 동사의 현재형 + 과거분사'의 형태이며, 다음과 같은 경우에 사용합니다.

인칭대명사	haber 동사		과거분사
yo	he		
tú	has		
usted, él, ella	ha	+	estudiado
nosotros	hemos		comido
vosotros	habéis		subido
ustedes, ellos, ellas	han		

- 과거분사 규칙형

-ar형 동사: 어근 + -ado	-er/-ir형 동사: 어근 + -ido
comprar → comprado	beber → bebido
desayunar → desayunado	salir → salido

1. 현재를 기준으로 어떤 일이나 행동이 완료되었을 때

   ¿Has comido ya? 벌써 밥 먹었어?　　No, todavía no he comido. 아니, 아직 안 먹었어.

2. 현재를 포함한 부사(오늘, 오늘 아침, 이번 주, 이번 달, 올해 등)와 함께 쓰일 때

   Me he despertado muy temprano esta mañana. 오늘 아침 나는 매우 일찍 일어났습니다.
   Este mes no ha llovido mucho. 이번 달은 비가 많이 내리지 않았습니다.

3. 지금까지의 경험을 말할 때

   ¿Has estado en China? 너 중국 가 본 적 있어?　　Sí, he estado dos veces. 응, 두 번 갔다 왔어.

4. 어떤 일이나 행동이 지금까지 계속되고 있을 때

   Elena ha aprendido flamenco durante tres meses. 엘레나는 플라멩코를 3개월째 배우고 있습니다.
   María y yo hemos viajado dos meses por América del Sur.
   마리아와 나는 2개월째 남미를 여행 중입니다.

- 과거분사 불규칙형

abrir → abierto	decir → dicho	escribir → escrito
hacer → hecho	morir → muerto	poner → puesto
romper → roto	ver → visto	volver → vuelto

  romper 부수다, 망가뜨리다

¿Qué has hecho hoy? 너 오늘 뭐했어?

He visto una película en el cine. 영화관에서 영화 한 편 봤어.

Todavía no ha vuelto Juan a casa. 후안은 아직 집에 돌아오지 않았습니다.

He escrito una carta a mis padres hoy. 나는 오늘 부모님께 편지를 한 통 썼습니다.

¿Quién te ha dicho así? 누가 너에게 그렇게 말한 거야?

 주목! Ojo!

- 현재완료 시제와 주로 쓰이는 시간표현들

hoy 오늘	ya 이미
esta mañana(tarde/noche) 오늘 아침(오후, 밤)	esta semana(mes, año) 이번 주(달, 해)
todavía no 아직 ~아니다	

 acabar de + 동사원형: 방금 ~했다

'~을 끝내다'라는 뜻의 acabar 동사는 'acabar de + 동사원형'의 형태를 써서, '방금 ~을 했다'라는 의미를 나타냅니다. 동작이 '지금 막' 끝났다는 것을 강조할 때 주로 사용합니다.

Acabo de comer. 나는 방금 식사를 했습니다.

Juan acaba de despertarse. 후안은 방금 기상했습니다.

Acabo de recibir un mensaje. 나는 방금 한 통의 메시지를 받았습니다.

Nosotros acabamos de llegar a la oficina. 우리는 방금 사무실에 도착했습니다.

El tren acaba de salir. 그 기차는 방금 떠났습니다.

Ejercicios 학습한 내용을 바탕으로 다음 우리말을 스페인어로 말해 보세요.

1. Juan은 아직 학교에 도착하지 않았습니다. _____
2. 나는 오늘 아침식사를 하지 않았습니다. _____
3. 그는 방금 서울에 도착했습니다. _____

정답 | 1. Juan todavía no ha llegado a la escuela.　2. Hoy no he desayunado.　3. Él acaba de llegar a Seúl.

회화 Conversación

Track 37

해석

까르멘: 안녕. 엘레나. 공항에 도착했어?
엘레나: 응, 여기 도착한 지 2시간 됐고, 탑승권도 받았어.
까르멘: 잘했어! 우리 이제 곧 보겠구나.
엘레나: 그런데 항공사에서 그러는데, 비행기가 연착되어서 2시간 더 기다려야 한대.
까르멘: 저런!
엘레나: 그래서 조금 늦게 도착할 것 같지만 문제는 없을 거야.
까르멘: 아침은 먹었고?
엘레나: 응, 샌드위치랑 커피로 해결했어.
까르멘: 그래 그나저나 무슨 일 생기면 나한테 전화해. 알았지?
엘레나: 고마워 까르멘, 곧 보자!

Carmen	Hola, Elena. ¿Ya has llegado al aeropuerto?
Elena	Sí, hace dos horas que he llegado y he recibido mi tarjeta de embarque.
Carmen	¡Qué bien! Podemos vernos pronto.
Elena	Pero la aerolínea ha dicho que hay un retraso en el vuelo y tengo que esperar dos horas más.
Carmen	¡Qué pena oír eso!
Elena	Por eso llegaré un poco más tarde pero no habrá ningún problema.
Carmen	¿Ya has desayunado?
Elena	Sí, he desayunado un bocadillo con un café.
Carmen	Vale, de todos modos si hay algún problema, solo llámame. Estamos en contacto. ¿Vale?
Elena	Gracias Carmen. Hasta pronto.

새 단어

tarjeta de embarque *f.* 탑승권
aerolínea *f.* 항공사
retraso *m.* 지연, 연착
vuelo *m.* 항공편

새 표현

¡Qué pena! 안타까워라! 저런! 이럴 수가!
Llámame. 나에게 전화해.
Estamos en contacto. 계속 연락하자.

추가 어휘 Vocabulario

공항에서

탑승 수속을 밟다	confirmar el vuelo	줄을 서다	hacer cola
탑승하다	abordar/embarcar	기념품을 사다	comprar recuerdos
수하물 체크인하다	facturar el equipaje	환전하다	cambiar dinero
보안을 통과하다	pasar por seguridad	탑승권을 받다	recibir tarjeta de embarque
세관을 통과하다	pasar por aduana	친구들에게 작별인사를 하다	despedir a los amigos

여행

티켓	(el) boleto, tiquet	탑승객	(el/la) pasajero/a
왕복티켓	(el) boleto de ida y vuelta	문, 게이트	(la) puerta
수하물	(el) equipaje	출국, 출구	(la) salida
신분증	(la) identificación	입국, 도착	(la) llegada
여행 일정	(el) itinerario	입구	(la) entrada
여권	(el) pasaporte	비행편	(el) vuelo
탑승권	(la) tarjeta de embarque	수하물 찾는 곳	(el) reclamo de equipaje
공항	(el) aeropuerto	관광안내소	(la) oficina de turismo

연습문제 Práctica

1 다음 그림을 보고 주어진 동사 중 알맞은 것을 골라 현재완료 시제로 써 보세요.

> cenar   comprar   levantarse   enviar   hablar   hacer

1) Carla _____ en un restaurante lujoso.

2) Carla _____ un nuevo vestido para la fiesta de hoy.

3) Carla _____ muy tarde hoy.

4) Carla _____ unos correos electrónicos.

5) Carla _____ por teléfono con su mamá.

6) Carla _____ ejercicio en el parque.

단어 lujoso/a 고급스러운, 럭셔리한

2 주어진 동사의 현재완료 시제를 넣어 문장을 완성해 보세요.

1) Sofía _____ (llegar) al aeropuerto muy temprano.

2) ¿_____ (perder) tu tarjeta de embarque?

3) Los pasajeros _____ (enviar) sus equipajes.

4) La oficina de turismo no _____ (dar) la información.

5) Nosotros _____ (hacer) una cola para facturar el equipaje.

6) El vuelo _____ (retrasarse) más de una hora.

단어 retrasarse 지연되다, 연착되다   más de ~ 이상   últimamente 최근에   ceviche m. 세비체 (페루 전통요리, 해산물과 야채를 날것으로 레몬즙등과 함께 섞어먹는 요리)   marisco m. 해산물   tarjeta de embarque f. 탑승권

3 주어진 단어들을 사용하여 'acabar de + 동사원형' 형태의 문장을 만들어 보세요.

1) Rosa / salir / a Madrid
   ⇒ _____ .

2) Ustedes / comer / en un restaurante chino
   ⇒ _____ .

3) Yo / hablar por teléfono / con mi mamá
   ⇒ _____ .

4) Nosotros / beber / unas copas de tequila
   ⇒ _____ .

단어 tequila *f.* 데낄라 (용설란의 일종을 빚어 만든 멕시코의 술)

4 문제를 듣고 빈칸을 받아써 보세요. Track 38

1) A: ¿Dónde estás ahora?

   B: Disculpa, _____ afuera para comprar unos recuerdos.

2) A: ¿Qué _____ hoy?

   B: _____ pollo y patatas fritas.

3) A: ¿_____ la última película de Mario Casas?

   B: ¡Claro! _____ muy interesante.

4) A: ¿_____ María y Paco de viaje?

   B: No sé, no me _____ todavía.

문화 Cultura

신들의 모임장소 '떼오띠우아깐' (Teotihuacan)

피라미드 하면 이집트를 가장 먼저 떠올리지만 아메리카 대륙 곳곳에서도 피라미드가 발견되었고, 오늘날 많은 관광객들이 찾고 있는 유적지로 관리되고 있습니다. 그 중 가장 규모가 큰 피라미드는 멕시코에 있는 '떼오띠우아깐'(Teotihuacan)으로, 멕시코시티로부터 40km 떨어진 외곽에 위치하고 있습니다.

약 2,000년 전 멕시코에서는 중앙집권 문명이 나타나기 시작하였고, 그 중 가장 먼저 형성된 문명이 떼오띠우아깐 문명이었습니다. 떼오띠우아깐은 아메리카 대륙의 원주민들이 건설했던 도시 중 가장 큰 도시로, 약 1,500~2,000년 전에 완성된 곳입니다. 아즈텍족에게 발견된 이후 '신의 도시'라는 뜻의 '떼오띠우아깐'이라는 이름으로 불리게 되었습니다.

태양의 피라미드(Pirámide del Sol)와 달의 피라미드(Pirámide de la Luna) 및 기타 건물, 도로 등으로 구성되었으며, 태양의 피라미드는 기원전 300년 전부터 만들기 시작하여 기원전 150년경 완성되었고, 달의 피라미는 기원전 500년경 완성되었습니다.

태양의 피라미드(Pirámide del Sol)는 밑변 225m, 세로 222m, 높이 65m로, 세계에서 3번째로 큰 규모를 자랑합니다. 태양신에게 바친 신전으로 250여 개의 계단을 통해 정상에 다다를 수 있습니다.

달의 피라미드(Pirámide de la Luna)는 태양의 피라미드보다 작은 규모이지만, 떼오띠우아깐의 주요 의례들이 달의 피라미드에서 진행되었으며, 이 도시 가장 북쪽 끝에 위치하고 있어 유적지 전역을 감상하기에 가장 좋은 곳이기도 합니다. 1987년 유네스코 세계문화유산으로 지정되어 보호되고 있습니다.

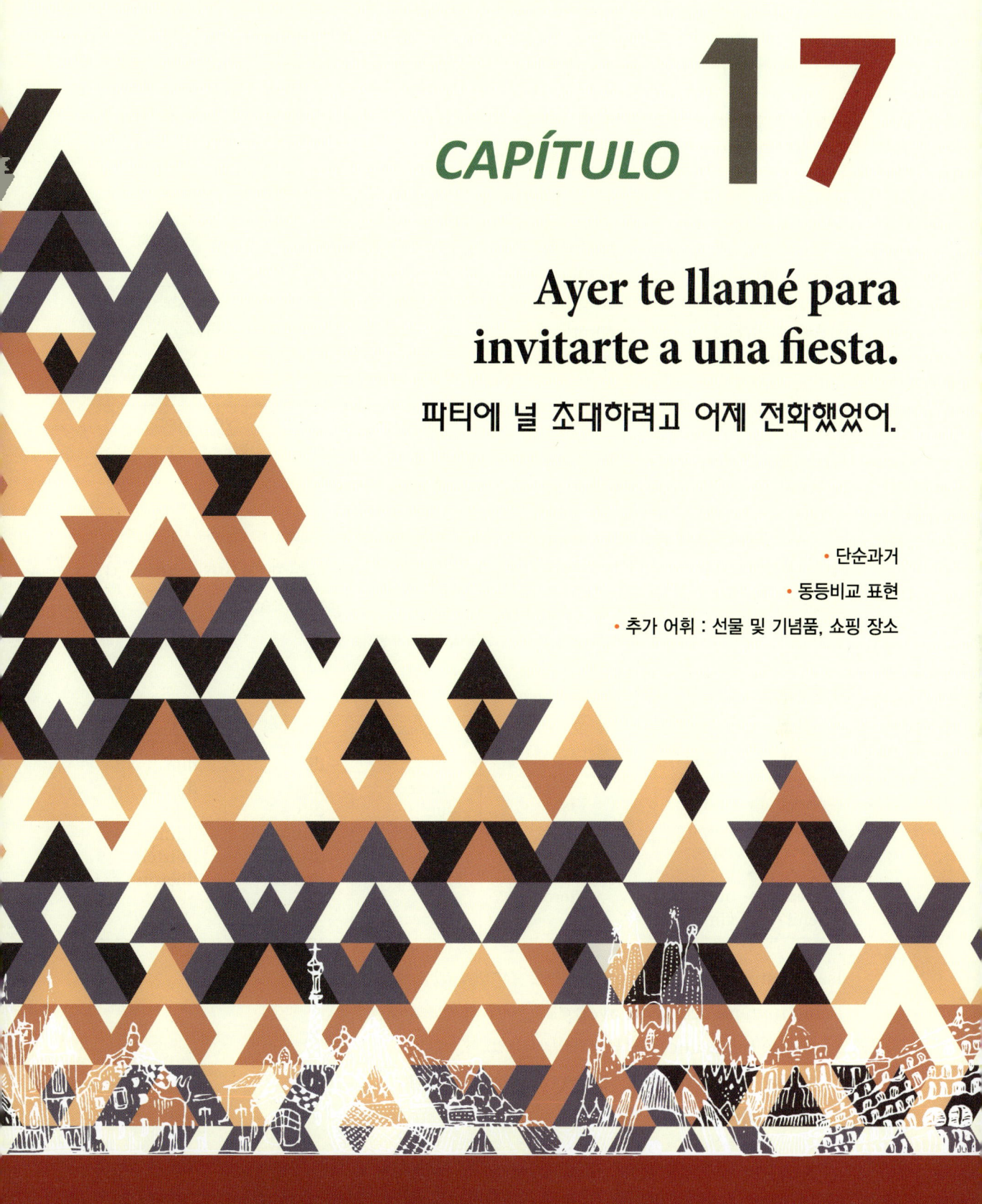

CAPÍTULO 17

Ayer te llamé para invitarte a una fiesta.
파티에 널 초대하려고 어제 전화했었어.

- 단순과거
- 동등비교 표현
- 추가 어휘 : 선물 및 기념품, 쇼핑 장소

문법 Gramática

단순과거

일시적 또는 단발적으로 일어났던 과거의 일을 나타내는 시제입니다. '단순과거' 혹은 '부정과거'라고 말하며, -ar, -er, -ir 동사에 인칭별로 다른 어미를 붙입니다.

• 규칙형

인칭대명사	-ar형 : comprar 사다	-er형 : comer 먹다	-ir형 : vivir 살다
yo	compr-é	com-í	viv-í
tú	compr-aste	com-iste	viv-iste
usted, él, ella	compr-ó	com-ió	viv-ió
nosotros/as	compr-amos	com-imos	viv-imos
vosotros/as	compr-asteis	com-isteis	viv-isteis
ustedes, ellos, ellas	compr-aron	com-ieron	viv-ieron

Yo **compré** un par de zapatos ayer. 어제 나는 신발을 한 켤레 구입했습니다.

¿Qué **comiste** anoche? 너 어젯밤에 뭐 먹었어?

Salimos de viaje el viernes pasado. 지난 금요일 우리들은 여행을 떠났습니다.

Mi familia y yo **viajamos** a España el año pasado. 우리 가족과 나는 지난 해 스페인을 여행했습니다.

Ayer Ana **bebió** cerveza con sus amigos. 어제 아나는 친구들과 맥주를 마셨습니다.

¿Le **escribiste** la carta al Señor López? 넌 로뻬쓰 씨에게 편지를 썼니?

• 불규칙형

			ir/ser	dar	decir
estar → estuv-			fui	di	dije
andar → anduv-			fuiste	diste	dijiste
tener → tuv-	-e		fue	dio	dijo
poder → pud-	-iste		fuimos	dimos	dijimos
poner → pus-	+ -o		fuisteis	disteis	dijisteis
saber → sup-	-imos		fueron	dieron	dijeron
hacer → hic-	-isteis				
querer → quis-	-ieron				
venir → vin-					

Isabel **estuvo** en una joyería. 이사벨은 보석가게에 있었습니다.

Pablo **tuvo** un accidente ayer. 빠블로는 어제 사고를 냈습니다.

¿Adónde **fuiste** anoche? 넌 어젯밤에 어디에 갔었어?

Él no me **dijo** la verdad. 그는 나에게 사실을 말하지 않았습니다.

¿En qué **viniste**? 뭐 타고 왔어?

주목! Ojo!

※ 단순과거형 시제와 주로 쓰이는 시간표현들

ayer 어제	anteayer 그저께	anoche 어젯밤
la semana pasada 지난 주	el mes pasado 지난 달	el año pasado 지난 해
el martes pasado 지난 화요일	el fin de la semana pasada 지난 주말	
hace + 기간 : ~ 전에 (hace tres días 3일 전에, hace cinco años 5년 전에)		

동등비교 표현

tan + 형용사/부사 + como : ~만큼 ~한

동사 + tanto como : ~만큼 ~하다

tanto/a/os/as + 명사 + como : ~만큼 많은 ~

- 형용사, 부사, 동사를 꾸미는 tan과 tanto는 '(~만큼) 그렇게'라는 뜻의 부사로 쓰입니다.
- 명사를 꾸미는 tanto/a/os/as는 형용사로 쓰여, 꾸며 주는 명사와 성·수를 일치시켜야 합니다.

Carlos es tan alto como Pedro. 까를로스는 뻬드로만큼 키가 큽니다.
Yo vivo tan lejos de aquí como tú. 나는 너만큼 먼 곳에서 살고 있어.
Luis come tanto como José. 루이스는 호세만큼 (많이) 먹습니다.
Tú tienes tantos libros como Miriam. 너는 미리암만큼 많은 책을 가지고 있구나.

Ejercicios 학습한 내용을 바탕으로 다음 우리말을 스페인어로 말해 보세요.

1. 나는 어제 동료들과 함께 저녁식사를 했습니다. _____
2. 너는 지난 토요일에 시장에서 무엇을 샀니? _____
3. Marcela는 그저께 그녀의 친구들과 공원에 갔었습니다. _____

정답 | 1. Ayer yo cené con mis compañeros. 2. ¿Qué compraste en el mercado el sábado pasado?
3. Anteayer Marcela fue al parque con sus amigos.

회화 Conversación

Sandra	Hola. Ricardo. ¿Cómo estás? Ayer te llamé para invitarte a una fiesta, pero no me contestaste.
Ricardo	Salí a pasear por el centro. Pero me olvidé de llevar mi móvil, por eso no te contesté. Lo siento.
Sandra	Está bien. ¿Cómo te fue tu paseo?
Ricardo	Descubrí un aspecto nuevo de esta ciudad.
Sandra	¿Te gustó mucho? Es que todavía no conozco bien esta ciudad.
Ricardo	Sí, me encantó. Hay muchos lugares interesantes.
Sandra	Yo también quiero conocerlos.
Ricardo	Vale. Compré este broche para ti en una feria ayer. Espero que te guste.
Sandra	Muchas gracias, Ricardo. Es muy bonito.
Ricardo	De nada. Luego vamos juntos al centro.

해석

산드라: 안녕, 리까르도, 어떻게 지내? 파티에 초대하려고 어제 전화했었는데, 안 받더라.
리까르도: 다운타운 구경하러 나갔었는데, 핸드폰을 안 가져갔지 뭐야. 그래서 전화 못 받았어. 미안해.
산드라: 괜찮아. 그나저나 구경은 잘했어?
리까르도: 이 도시의 새로운 면을 발견하고 왔어.
산드라: 되게 좋았나 보네? 나는 아직 이 곳을 잘 모르거든.
리까르도: 응, 너무 좋더라고, 흥미로운 곳이 엄청 많았어.
산드라: 나도 한번 구경가 봐야 겠다.
리까르도: 좋아, 어제 구경하다가 너 주려고 이 브로치 샀어. 네 마음에 들었으면 좋겠다.
산드라: 너무 고마워 리까르도, 너무 예쁘다!
리까르도: 별 말씀을, 나중에 다운타운 구경 같이 가자!

새 단어

contestar 응답하다, 대답하다
olvidarse de ~하는 것을 깜박하다
móvil *m.* 휴대전화기
centro *m.* 다운타운
descubrir 발견하다
broche *m.* 브로치

새 표현

Espero que te guste.
네 마음에 들었으면 좋겠어.

추가 어휘 Vocabulario

선물 및 기념품

(los) aretes 귀걸이
(la) cartera 지갑, 서류가방
(el) llavero 열쇠고리
(la) pulsera 팔찌
(la) artesanía 공예품
(el) recuerdo 기념품

(el) bolso 백, 가방
(el) collar 목걸이
(el) perfume 향수
(el) reloj 시계
(la) postal 엽서

쇼핑 장소

백화점	(el) almacén / (el) departamento	장, 시장	(la) feria
보석 가게	(la) joyería	신발 가게	(la) zapatería
옷가게	(la) tienda de ropa	향수(화장품) 가게	(la) perfumería
서점	(la) librería	문구점	(la) papelería
모자 가게	(la) sombrerería	꽃가게	(la) florería
케이크 가게	(la) pastelería	술판매점	(la) tienda de licores
골동품 가게	(la) tienda de antigüedades	담배 가게	(el) estanco
전자제품점	(la) tienda de aparatos electrónicos	키오스코	(el) quiosco

※ 쇼핑 시 유용한 표현

¿Cuánto vale? / ¿Qué precio tiene? / ¿Cuánto es? / ¿Cuánto cuesta? 얼마예요?
Es muy caro. / ¡Qué caro! / Es carísimo. 너무 비싸네요.
Es muy barato. / Es una ganga. 매우 싸네요.
¿Me puede hacer un poco de descuento? 할인 좀 해 주실 수 있나요?
¿No hay descuento? 할인은 없나요?
Un poco más barato, por favor. 조금만 더 싸게 해 주세요.

연습문제 Práctica

1 다음 빈칸에 주어진 동사를 활용하여 단순과거시제 문장으로 문장을 완성해 보세요.

1) Estela y Raúl _____ (comprar) las artesanías.

2) Sandra _____ (regalar) un collar a su madre.

3) Anoche María y yo _____ (llegar) muy tarde a casa.

4) ¿Qué _____ (visitar, tú) el fin de la semana pasada?

5) Ustedes _____ (enviar) postales a sus amigos.

6) Luisa, ¿qué _____ (escoger, tú) para el regalo de Juan?

7) Yo _____ (tomar) muchas fotos en el parque.

8) ¿Qué _____ (desayunar, tú) ayer?

2 다음을 읽고, 빈칸에 알맞은 동사를 골라 적절한 형태로 써 보세요.

1) hacer / ir / ver

   El sábado por la noche María y yo _____ una película.
   Luego _____ a la cafetería para tomar unos cafés.
   Carlos, ¿qué _____ Pedro y tú?

2) ir / hacer / andar

   Mi amiga Carla y yo _____ un viaje a México el año pasado.
   Yo _____ por la plaza para tomar más fotos.
   Luego _____ al aeropuerto directamente.

3) tener / venir

   Pedro no _____ a la fiesta.
   Creo que él _____ problemas con sus padres y nunca llegó.

4) dar / poder

   Carla no _____ comprar artesanías por no tener dinero pero yo le _____ las artesanías como regalo al día siguiente.

3 다음을 보기와 같이 동등비교 표현을 이용하여 써 보세요.

| 보기 | Mi pelo es corto. / Tu pelo también es corto.
⇒ Mi pelo es tan corto como el tuyo.

1) Juan mide 190cm. Es alto. / Carlos mide 190cm. También es muy alto.
   ⇒ _____.

2) Este bolso es caro. / Este reloj también es caro.
   ⇒ _____.

3) Manuel bebe mucho. / Raúl también bebe mucho.
   ⇒ _____.

4) Luis es inteligente. / Miguel también es inteligente.
   ⇒ _____.

5) Yo tengo muchos hermanos. / Lisa también tiene muchos hermanos.
   ⇒ _____.

4 문제를 듣고 질문에 답해 보세요. 　　Track 40

1) ¿Con quién y dónde desayunó Ana ayer?
   ⇒ _____.

2) Después de desayunar, ¿qué hizo Ana?
   ⇒ _____.

3) ¿Qué compró Ana?
   ⇒ _____.

4) ¿Quién compró unos llaveros?
   ⇒ _____.

5) Por la tarde ¿qué hicieron ellas?
   ⇒ _____.

단어 llavero *m.* 열쇠고리

문화 Cultura

카리브해의 유혹, 최고의 휴양지 깐꾼

깐꾼(Cancún)은 멕시코, 더 나아가 세계가 사랑하는 최고의 휴양지로 손꼽히는 곳입니다.
1960년대 후반부터 개발되기 시작한 깐꾼은 원래 유까딴 반도의 북동부에 위치한 '7'자 모양의 길쭉한 섬으로 고기잡이 배 정도만 드나들던 한적한 어촌마을이었습니다. 하지만 리조트 개발과 함께 섬 양쪽 끝이 유까딴 반도와 연결되고 초호화 시설을 갖춘 전 세계 숙박 체인들이 들어오기 시작하며 카리브해 최고 휴양지의 모습으로 변모했습니다.

깐꾼의 바다는 해안선을 따라 설탕 같은 흰 모래사장이 20여km가 이어져 있으며, 세계에서 3번째로 큰 산호 산맥이 섬 일대를 지나고 있습니다.

깐꾼에서는 크게 마야 유적지 관광, 해양 및 정글에서의 모험 관광 그리고 생태 관광 등을 할 수 있습니다. 특히, 깐꾼이 위치한 유까딴 반도는 마야문명이 꽃피었던 곳으로 마야 유적지 관광을 빼놓을 수 없습니다.

그 중 반드시 방문해 봐야 하는 곳으로는 세계 7대 불가사의로 선정된 '치첸이싸'(Chichen Itza)를 꼽습니다. 울창한 정글 사이 푸른 초원 위에 자리한 옛 도시로, 이진법과 숫자 0을 사용하고, 문자 체계를 갖추었다는 마야인들의 빼어난 건축과 천문학 기술이 집대성된 마야 최고의 유적지입니다.

또 다른 마야 유적지로 '뚤룸'(Tulum)이 있습니다. 뚤룸은 마야어로 '벽'을 뜻하며 이름처럼 성벽에 둘러싸인 옛 도시입니다. 뚤룸은 이웃나라 벨리즈까지 오가던 마야인들의 무역선이 들르던 항구의 역할을 했던 곳입니다. 성벽을 따라 유적지를 둘러보다 고개를 돌리면 시야에 들어오는 투명한 사파이어 빛깔의 바다, 그리고 그 바다에서 불어오는 바람까지 황홀하게 느낄 수 있는 멋진 유적지이기도 합니다.

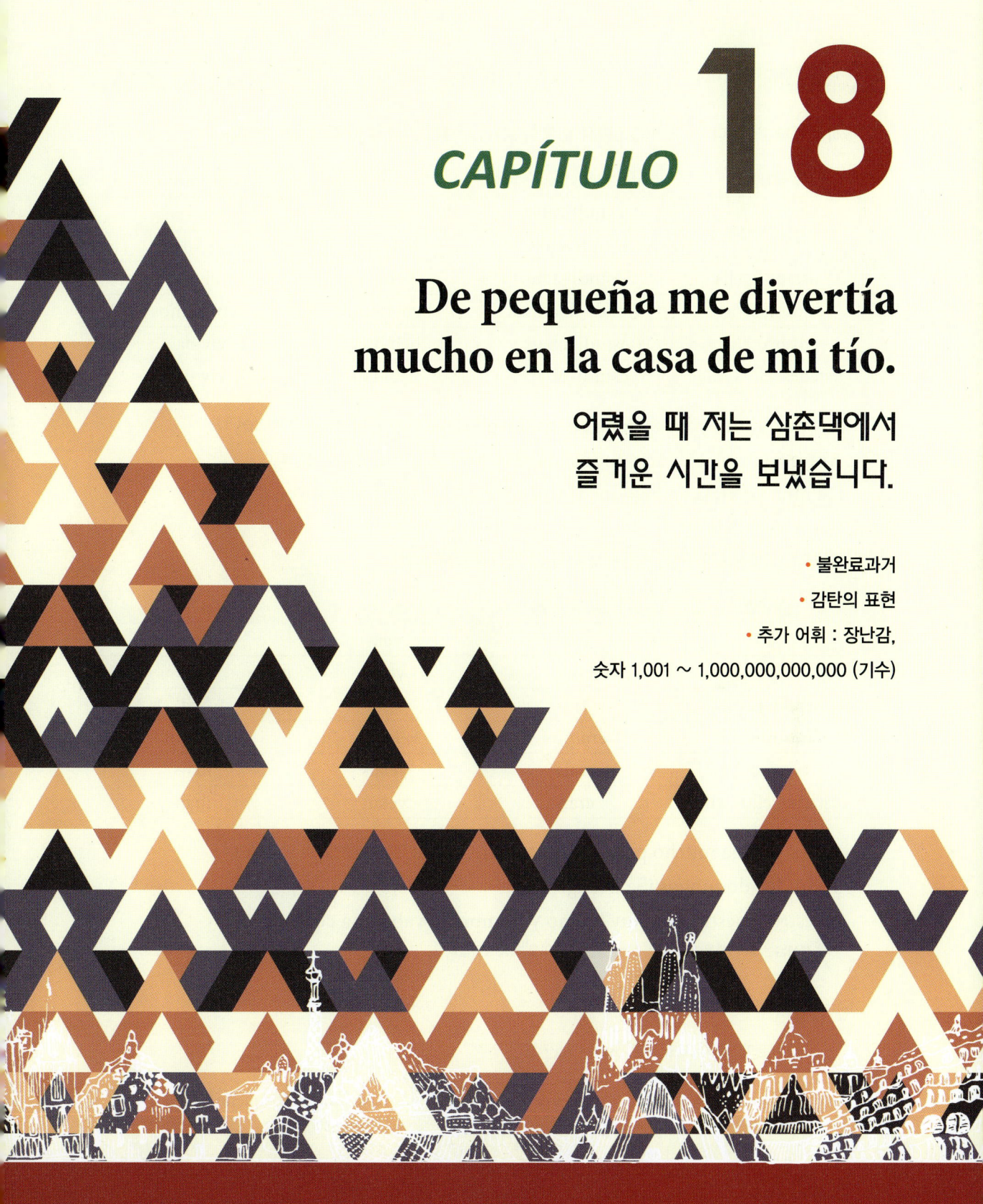

CAPÍTULO 18

De pequeña me divertía mucho en la casa de mi tío.

어렸을 때 저는 삼촌댁에서 즐거운 시간을 보냈습니다.

- 불완료과거
- 감탄의 표현
- 추가 어휘 : 장난감, 숫자 1,001 ~ 1,000,000,000,000 (기수)

 ## 문법 Gramática

불완료과거

'~하곤 했다', '~였다' 등 과거의 습관적, 반복적 행위나 상황을 묘사할 때 사용하는 시제입니다.

인칭대명사	-ar형 : estudiar 공부하다	-er형 : beber 마시다	-ir형 : vivir 살다
yo	estudi-aba	beb-ía	viv-ía
tú	estudi-abas	beb-ías	viv-ías
usted, él, ella	estudi-aba	beb-ía	viv-ía
nosotros/as	estudi-ábamos	beb-íamos	viv-íamos
vosotros/as	estudi-abais	beb-íais	viv-íais
ustedes, ellos, ellas	estudi-aban	beb-ían	viv-ían

Hace dos años yo trabajaba en un hospital. 2년 전에 나는 병원에서 근무했었습니다.
Antes yo hacía ejercicio todos los días. 예전에 나는 매일 운동을 했었습니다.
De niña yo vivía en Estados Unidos. 어렸을 때, 나는 미국에 살았었습니다.

• 불규칙형 : 불완료과거 불규칙동사는 다음 세 가지 동사뿐입니다.

인칭대명사	ser ~이다	ver 보다	ir 가다
yo	era	veía	iba
tú	eras	veías	ibas
usted, él, ella	era	veía	iba
nosotros/as	éramos	veíamos	íbamos
vosotros/as	erais	veíais	ibais
ustedes, ellos, ellas	eran	veían	iban

Antes yo veía mucho películas en el cine. 예전에는 영화관에서 영화를 많이 봤습니다.
Todos los domingos iba a la iglesia. 일요일마다 교회에 갔었습니다.
Nuestro maestro era muy bueno y siempre llevaba una corbata roja.
우리 선생님은 매우 좋은 분이었고, 항상 빨간 넥타이를 착용했었습니다.

 주목! Ojo!

※ 불완료과거형 시제와 주로 쓰이는 시간 표현

| normalmente 보통, 일반적으로 | frecuentemente 자주 | de niño/a (pequeño/a) 어렸을 때 |
| siempre 항상 | a veces 가끔 | antes 예전에 |

감탄의 표현

1. '품질적인 것'에 대한 감탄

> ¡Qué + 형용사/부사 + (동사 + 주어)!

¡Qué alta es Linda! 린다 키가 엄청 크구나!

¡Qué bien conduces (tú)! 너는 운전을 매우 잘하는구나!

> ¡Qué + 명사 + (동사 + 주어)!

¡Qué frío hace! (날씨가) 너무 춥구나!

¡Qué suerte tiene David! 다빗은 운이 매우 좋구나!

2. '양적인 것'에 대한 감탄

> ¡Cuánto + 동사 + 주어!

¡Cuánto trabaja Carolina! 까롤리나가 얼마나 일을 많이 하는지!

¡Cuánto comen ellos! 그들이 얼마나 먹는지!

> ¡Cuánto/a/os/as + 명사 + (동사 + 주어)!

¡Cuántos libros tiene Juan! 후안이 얼마나 많은 책을 가지고 있는지!

¡Cuánta gente hay en el cine! 영화관에 사람이 얼마나 많은지!

3. '주어가 동사를 매우 잘한다'는 의미의 감탄

> ¡Cómo + 동사 + 주어!

¡Cómo canta María! 마리아가 얼마나 노래를 잘하는지!

¡Cómo bailan ellas! 그녀들이 얼마나 춤을 잘 추는지!

Ejercicios 학습한 내용을 바탕으로 다음 우리말을 스페인어로 말해 보세요.

1. 나는 어렸을 때, 매우 영리했습니다. _____

2. 우리들은 일요일마다 공원을 산책하곤 했습니다. _____

3. 하늘에 별이 얼마나 많은지! _____

 별 (la) estrella / 하늘 (el) cielo

정답 | 1. Cuando era niño/a (pequeño/a) era muy inteligente. 2. Paseábamos por el parque todos los domingos.
3. ¡Cuántas estrellas hay en el cielo!

회화 Conversación

Track 41

해석

까르멘: 엘레나, 넌 어렸을 때 뭐했어?
엘레나: 어렸을 때 우리 오빠랑 나는 많은 시간을 삼촌댁에서 보냈었어.
까르멘: 삼촌께서는 어디에 사셨어?
엘레나: 교외에 사셨거든.
까르멘: 왜 거기 가는 게 좋았어?
엘레나: 왜냐하면 삼촌댁이 매우 컸고, 뜰도 있고 수영장도 있었거든.
까르멘: 너 수영하는 것 좋아했어?
엘레나: 응, 나 엄청 좋아했어. 하지만 늘 혼자 수영했어. 왜냐하면 오빠는 수영할 줄 몰랐거든. 그래서 항상 뜰에서 장난감을 가지고 놀았었어.
까르멘: 거기서 굉장히 좋은 시간을 보냈었구나. 그렇지?
엘레나: 응, 매우 재미있었어.

Carmen	¿Qué hacías de pequeña, Elena?
Elena	De pequeña mi hermano y yo pasábamos mucho tiempo en la casa de mi tío.
Carmen	¿Dónde vivía tu tío?
Elena	Él vivía fuera de la ciudad.
Carmen	¿Por qué te gustaba ir allí?
Elena	Porque la casa de mi tío era muy grande y tenía un patio y una piscina.
Carmen	¿Te gustaba mucho nadar?
Elena	Sí, me gustaba mucho. Pero nadaba sola, porque mi hermano no sabía nadar. Él solo jugaba con sus juguetes en el patio.
Carmen	Pasabas muy buen tiempo allí. ¿Verdad?
Elena	Sí, me divertía mucho.

새 단어

fuera de ~밖에, ~외에
patio *m.* 뜰, 작은정원
piscina *f.* 수영장

추가 어휘 Vocabulario

장난감

(la) muñeca 여자 인형
(el) robot 로봇
(los) bloques 장난감 블록
(los) carritos 장난감 차

(el) tren eléctrico 전기 열차
(el) peluche 부드러운 털로 만든 인형
(el) ajedrez 체스
(los) dibujos animados 만화 영화

숫자 1,001 ~ 1,000,000,000,000 (기수)

1,001	mil uno	1,002	mil dos
1,003	mil tres	1,010	mil diez
2,000	dos mil	3,000	tres mil
4,000	cuatro mil	9,000	nueve mil
10,000	diez mil	15,000	quince mil
100,000	cien mil	200,000	doscientos mil
850,000	ochocientos cincuenta mil	1,000,000	un millón
10,000,000	diez millones	100,000,000	cien millones
1,000,000,000	mil millones	1,000,000,000,000	un billón

연습문제 Práctica

1 그림을 보고 주어진 표현을 사용하여 불완료과거형 문장을 만들어 보세요.

| 보기 |  Juan/ escalar la montaña
⇒ Juan escalaba la montaña.

Rosa
gustar la lluvia

Carlos
ir al zoológico

Lucía
montar en bicicleta

Raúl y Carlos
estudiar juntos

1) _____.
2) _____.
3) _____.
4) _____.

2 다음을 보기와 같이 주어에 알맞은 불완료과거형 문장으로 만들어 보세요.

| 보기 | (Tú) siempre tomar un café en la mañana.
⇒ Tú siempre tomabas un café en la mañana.

1) (Mi familia y yo) ir de excursión.

   ⇒ _____.

2) (Yo) coleccionar sellos.

   ⇒ _____.

3) (Mis vecinos) tener un perro en casa.

   ⇒ _____.

단어 coleccionar 수집하다   sello *m.* 우표

3 다음을 감탄문으로 바꾸어 보세요.

1) Roberto gana mucho dinero.
   ⇒ ¡_____!

2) Tengo mucha suerte.
   ⇒ ¡_____!

3) Daniela es muy guapa.
   ⇒ ¡_____!

4) Alberto conduce muy mal.
   ⇒ ¡_____!

5) Gloria habla español muy bien.
   ⇒ ¡_____!

6) Estamos muy cansados.
   ⇒ ¡_____!

4 문제를 듣고 내용에 맞는 그림을 골라 보세요. Track 42

ⓐ    ⓑ    ⓒ

ⓓ    ⓔ    ⓕ

1) _____ 2) _____ 3) _____
4) _____ 5) _____ 6) _____

단어 saltar a la cuerda 줄넘기하다   videojuego *m.* 비디오 게임

문화 Cultura

잉카의 전설, 잃어버린 공중도시, 페루의 마추픽추

페루의 수도 리마(Lima) 동남쪽 해발 2,280m 정상에 위치한 마추픽추(Machu Picchu)는 주위를 둘러싸고 있는 높은 기암절벽들과 천길 낭떠러지, 우루밤바 강의 힘찬 물줄기, 열대 우림의 무성한 정글들로 공중도시의 신비함을 대변하고 있는 곳입니다.

약 1만 명 정도의 잉카인들이 거주하던 요새 도시 마추픽추는 1911년 미국인 하이럼 빙엄에 의해 발견되었고, 당시 두 개의 뾰족한 봉우리 아래 울창한 밀림으로 가려져 있어 그 존재가 드러나지 않아 쉽게 상상조차 할 수 없던 곳이었습니다.

어떠한 이유로 만들어졌는지, 누가 만들었는지 여러 가지 설이 존재합니다. 과거 페루를 지배했던 스페인을 피하기 위해 만든 도시라는 설도 있고, 자연 재해를 대비한 장소로 건설했다는 설도 있습니다. 어떤 이유에서든 거주하던 잉카인들은 더욱 깊숙이 숨기 위해 처녀들과 노인들을 마추픽추 한쪽 묘지에 묻어버리고 제 2의 잉카 제국을 찾아 어디론가 사라져 버렸습니다. 결국 마추픽추는 세계인들에게 영원한 수수께끼 도시로 남게 된 것입니다.

마추픽추의 경이로움은 모든 건축물을 통해 직접 확인할 수 있습니다. 잉카인들이 돌을 다루는 실력은 신기(神技)에 가깝다고 보여집니다. 20톤이 넘는 돌을 바위산에서 잘라내어 수십 킬로미터 떨어진 산 위로 이동시키고, 그 돌들로 신전과 집들을 지었으며, 지어진 건축물들은 그 어떤 칼날도 드나들 틈 없는 정교함을 자랑하고 있습니다.

산비탈을 계단처럼 깎아 옥수수를 경작하며 오랜 세월 넉넉히 먹고 살았고, 구리를 쇠만큼 단단하게 제련하여 사용하였습니다.

이렇게 강성했던 잉카제국은 100여년 만에 스페인 군대에 허망하게 무너졌지만, 그들의 역사 속 문명과 패망, 저항에 얽힌 수많은 사연을 집약해 보여주는 잉카 최대의 유적이 바로 안데스의 신비, 잃어버린 공중도시 마추픽추인 것입니다.

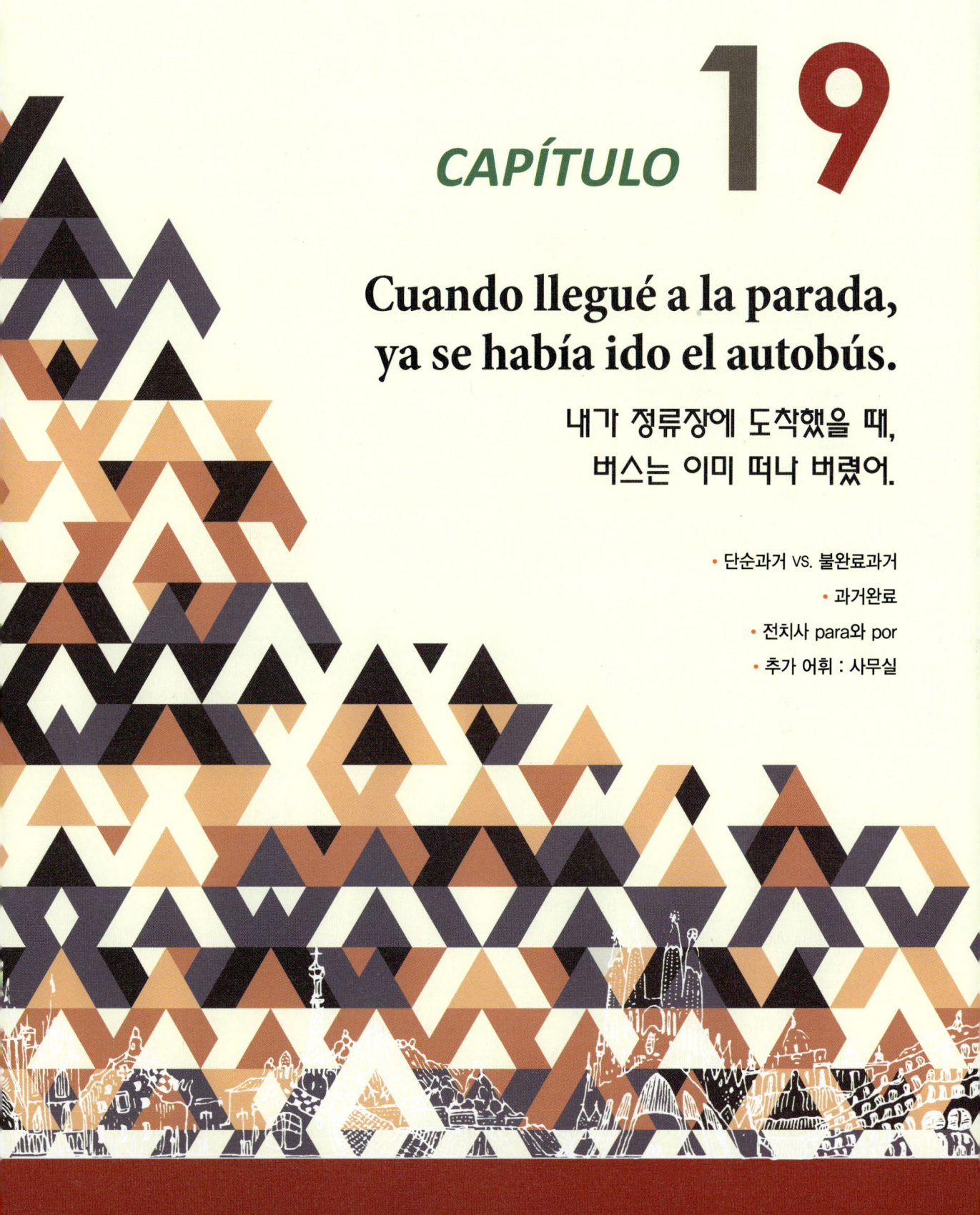

CAPÍTULO 19

Cuando llegué a la parada, ya se había ido el autobús.
내가 정류장에 도착했을 때, 버스는 이미 떠나 버렸어.

- 단순과거 vs. 불완료과거
- 과거완료
- 전치사 para와 por
- 추가 어휘 : 사무실

 ## 문법 Gramática

 ### 단순과거 vs. 불완료과거

단순과거	불완료과거
• 일시적, 단발적으로 일어난 과거의 표현 • 함께 쓰는 시간 표현: 　ayer 어제, anteayer 그저께, el lunes pasado 지난 월요일, la semana pasada 지난 주, hace un año 1년 전, el verano pasado 지난 여름, en 2000 2000년에 등	• 습관적, 반복적으로 일어난 과거의 표현 또는 과거의 어떤 일에 대한 묘사 • 함께 쓰는 시간 표현: 　todos los días 매일, normalmente 일반적으로, los lunes 월요일마다, antes 예전에, de pequeño/a, de niño/a 어렸을 때 등
Anoche mi hermana preparó la cena. 어젯밤 나의 언니가 저녁을 준비했다. Ayer comí con Juan. 어제 나는 후안과 함께 점심을 먹었다. El verano pasado viajé por Andalucía. 지난 여름 나는 안달루시아를 여행했다. Anoche fui al cine 어젯밤 나는 영화관에 갔다.	Antes mi hermana preparaba la cena. 전에는 나의 언니가 저녁을 준비했었다. Siempre comía con mis amigos. 항상 나는 내 친구들과 함께 점심을 먹었다. De pequeña viajaba mucho por otras ciudades. 어렸을 때, 다른 도시들을 여행하곤 했었다. Todos los días iba a hacer ejercicio. 매일 운동하러 가곤 했다.

 ### 과거완료

과거보다 더 과거에 일어난 일을 말할 때 사용합니다. 'haber 동사의 불완료과거형 + 과거분사'의 형태로 씁니다. p.148 과거분사 참조

인칭대명사	haber 동사		과거분사
yo	había		
tú	habías		
usted, él, ella	había	+	estudiado
nosotros	habíamos		comido
vosotros	habíais		subido
ustedes, ellos, ellas	habían		

Cuando llegué a la parada, ya se había ido el autobús.
내가 정류장에 도착했을 때, 버스는 이미 떠나버렸습니다.

Él me dijo que ya había firmado el contrato. 그는 나에게 이미 계약서에 서명을 했다고 말했습니다.

Anoche Laura tuvo mucho dolor de estómago porque había cenado demasiado.
라우라는 저녁식사를 과하게 해서, 어젯밤 심한 복통을 앓았습니다.

전치사 para와 por

para	por
① 목적, 용도 Estudiamos para saber. 우리는 지식을 얻기 위해 공부합니다. Juan trabaja mucho para su familia. 후안은 그의 가족을 위해 열심히 일합니다.	① 이유, 원인, 동기 No voy a bailar por falta de ropa. 옷이 없어서 춤 추러 가지 않습니다. Vamos por agua. 우리는 물을 구하러 갑니다.
② 목적지, 대상 Salgo mañana para España. 내일 스페인으로 떠납니다. Este bolso es para mi mujer. 이 가방은 내 와이프를 위한 것입니다.	② 대가, 대체 Juan pide cien euros por su trabajo. 후안은 일값으로 100유로를 요구합니다. Voy a asistir por Pedro. 나는 뻬드로 대신 참석합니다.
③ 비교, 적합 Es grande para su edad. 그는 그의 나이에 비해 덩치가 큽니다. Para mí no es muy tarde. 나에겐 많이 늦지 않았습니다.	③ 수단, 방법 Llámame por teléfono. 전화로 연락하세요. Le tomo por la manga. 나는 그의 옷소매를 잡습니다.
④ (시간적으로) ~까지 Faltan diez minutos para las cinco. 5시가 되기까지 10분 남았습니다. Las tareas son para el lunes. 과제들은 월요일까지입니다.	④ 시간·공간적 범위, 단위 Voy mañana por la mañana. 나는 내일 오전에 갑니다. Doy un paseo por el parque. 나는 공원을 산책합니다.

Ejercicios 학습한 내용을 바탕으로 다음 우리말을 스페인어로 말해 보세요.

1. 내가 영화관에 도착했을 때, 영화는 이미 시작되었습니다. _____
2. 내가 집에서 나왔을 때, 비는 그쳤습니다. _____
3. 우리가 역에 도착했을 때, 기차는 이미 떠난 후였습니다. _____

정답 | 1. Cuando llegué al cine, la película ya había empezado. 2. Cuando salí de casa, había parado de llover.
3. Cuando llegué a la estación, el tren ya había salido.

19. Cuando llegué a la parada, ya se había ido el autobús. **173**

회화 Conversación

해석

까르멘: 너 어제 회사에 왜 그렇게 늦게 도착한 거야?
엘레나: 왜냐하면 늦잠을 잤거든. 게다가 정류장에 도착했는데 버스도 이미 떠나 버렸었어.
까르멘: 자기 전에 알람 맞추는 것 잊지 마.
엘레나: 응. 잊지 않을게.
까르멘: 그건 그렇고, 겨울 휴가는 어디로 갈 계획이야?
엘레나: 아직 잘 모르겠어. 하지만 이번엔 유럽에 있는 나라 중 한 곳으로 갈까 생각 중이야.
까르멘: 완전 멋지다! 너 계획 잘 세워야겠다. 그치?
엘레나: 하하하, 그래 그것도 잊지 않을게.

Carmen	¿Por qué llegaste ayer a la oficina tan tarde?
Elena	Porque me había levantado tarde y además cuando llegué a la parada, ya se había ido el autobús.
Carmen	No te olvides de poner el despertador antes de acostarte.
Elena	Sí, no voy a olvidármelo.
Carmen	Aparte de eso, ¿A dónde viajarás para las vacaciones de invierno?
Elena	Todavía no sé, pero estoy pensando en viajar a algún país de Europa.
Carmen	¡Qué fantástico! Tienes que planear el itinerario bien. ¿Verdad?
Elena	Jajaja…sí.. Tampoco voy a olvidármelo.

새 단어

parada *f.* 정류장
despertador *m.* 알람
planear 계획하다
itinerario *m.* 일정

새 표현

Aparte de eso, 그건 그렇고
¡Qué fantástico! 완전 멋지다!

추가 어휘 Vocabulario

사무실

파일	(el) archivo	노트북	(el) portátil
디스크	(el) disco	프린터	(la) impresora
모니터	(el) monitor	화면	(la) pantalla
키보드	(el) teclado	마우스	(el) ratón
프로젝터	(el) proyector	복사기	(la) fotocopiadora
연필꽂이, 필통	(el) lapicero	서랍장, 캐비닛	(el) gabinete, (el) escaparate
화초들	(las) plantas	휴대폰	(el) teléfono móvil, (el) celular
책상	(el) escritorio	데스크탑	(el) ordenador, (la) computadora
볼펜	(el) bolígrafo	노트	(el) cuaderno

연습문제 Práctica

1 다음을 〈보기〉와 같이 '과거완료' 시제를 사용하여 한 문장으로 고쳐 보세요. ※ 일이 일어난 순서는 ① ⇒ ②

| 보기 | ① La reunión acabó.   ② Llegué a la oficina.
⇒ Cuando llegué a la oficina, la reunión había acabado.

1) ① El tren se fue.   ② Llegamos a la estación.
   ⇒ _____.

2) ① Cerró el supermercado.   ② Carolina quiso comprar comida.
   ⇒ _____.

3) ① Nosotros cenamos.   ② Él llegó a la casa.
   ⇒ _____.

4) ① Paró de llover.   ② Salí de la oficina.
   ⇒ _____.

2 다음 각 그림에 맞는 동사를 골라 '과거완료' 시제로 문장을 완성해 보세요.

Pablo   Linda   Mateo   Leo y Carla

1) Cuando Rosa llegó a la casa de sus amigos,
   Pablo (no levantarse) _____.

2) Cuando Rosa llegó a la casa de sus amigos,
   Linda (hacer la cama) _____.

3) Cuando Rosa llegó a la casa de sus amigos,
   Mateo (no ducharse) _____.

4) Cuando Rosa llegó a la casa de sus amigos,
   Leo y Carla (desayunar) _____.

3 두 문장의 관계를 파악하여 '과거완료' 시제를 사용하여 한 문장으로 고쳐 보세요.

| 보기 | Javier tuvo un pequeño accidente. / Llegó tarde a la oficina.
⇒ Javier llegó tarde a la oficina porque había tenido un pequeño accidente.

1) Juan no trajo su tarjeta de crédito. / No pudo comprar nada.
   ⇒ _____.

2) Raúl no compró comida. / No pudimos comer en casa.
   ⇒ _____.

3) Mi madre se dejó la estufa encendida. / Tuvo que volver a casa.
   ⇒ _____.

4) Yo me dejé las llaves dentro. / No pude entrar en casa.
   ⇒ _____.

5) Cristina estudió mucho. / Aprobó todo.
   ⇒ _____.

4 문제를 듣고 내용에 맞는 그림을 골라 보세요. 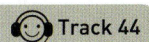 Track 44

1) _____   2) _____
3) _____   4) _____

단어 despegar 이륙하다   ladrón *m.* 도둑   huir 도망치다, 도주하다   agotado/a 바닥난, 고갈된, 매진된

문화 Cultura

천국과 지상의 경계, 우유니 소금호수

세계최대의 소금사막 혹은 소금호수라고 불리는 '우유니'(Salar de Uyuni)는 지각변동으로 솟아올랐던 바다가 빙하기를 거쳐 얼었다가 2만년 전 녹기 시작하면서 만들어진 거대한 호수로, 건조한 기후 때문에 물은 모두 증발해 버리고 소금 결정만 남아 오늘날의 모습을 갖추게 된 곳입니다.

우기인 12월~3월 사이에는 20-30 cm 정도 깊이로 물이 고여 얕은 호수가 만들어지는데, 낮에는 햇살과 푸른 하늘, 구름이 마치 거울처럼 반사되어 하늘과 육지 사이 경계를 허무는 장관을 연출하고, 밤에는 하늘의 별이 모두 호수 속에 들어있는 듯한 모습을 갖춥니다.

예전에는 지역 주민들이 소금을 생필품과 교환하는 교역의 수단으로 이용하였으나 현재는 정부의 인가를 받은 기업에서 정제용으로 만들어 국내 소비로 충당하고 지역민들은 채취하지 않고 있습니다. 채취된 소금 90% 이상이 식용으로 이용되며 나머지는 가축용으로 이용됩니다.

우유니 소금호수 지층에는 휴대전화, 노트북, 전기자동차 등에 사용되는 전지의 주원료 '리튬'이 매장되어 있으며, 이는 세계 매장량의 절반에 달하는 수준입니다. 하여, 전 세계 배터리 업체들이 눈독을 들이고 채광권을 따내려 노력하고 있으며, 우리나라도 사업에 참여 중인 상태입니다.

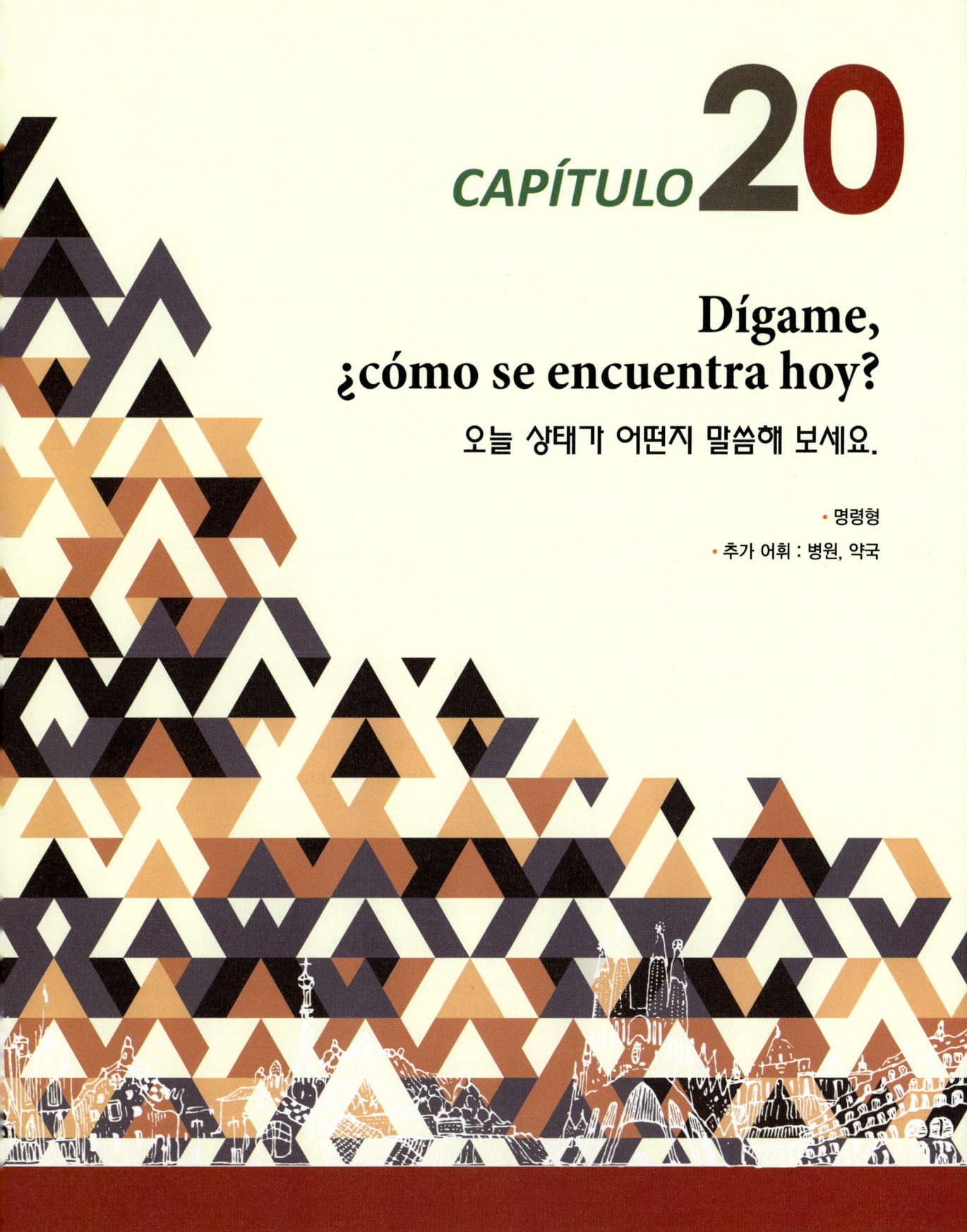

CAPÍTULO 20

Dígame, ¿cómo se encuentra hoy?
오늘 상태가 어떤지 말씀해 보세요.

- 명령형
- 추가 어휘 : 병원, 약국

문법 Gramática

명령형

• 규칙명령(긍정형/부정형)

인칭대명사	hablar	comer	abrir
tú	habla	come	abre
	no hables	no comas	no abras
vosotros	hablad	comed	abrid
	no habléis	no comáis	no abráis

Entra en la clase. 교실로 들어가라.　　No entres en la clase. 교실에 들어가지 마라.
Come mucho. 많이 먹어라.　　No comas mucho. 많이 먹지 마라.
Hablad en voz baja. 너희들 작은 소리로 말해라.
No habléis en voz alta. 너희들 큰 소리로 말하지 마라.

인칭대명사	hablar	comer	abrir
usted	hable	coma	abra
	no hable	no coma	no abra
ustedes	hablen	coman	abran
	no hablen	no coman	no abran

Hable más despacio. 조금 더 천천히 말씀해 주세요.　　No hable. 말씀하시지 마세요.
Coma mucho. 많이 드세요.　　No coma mucho. 많이 드시지 마세요.
Abran la ventana. 창문을 열어 주세요.　　No abran la ventana. 창문을 열지 마세요.

 주목! Ojo!

- usted와 ustedes 명령은, 말끝에 por favor를 붙여 주면 더 정중한 표현이 됩니다.

Pase, por favor. 통과하세요.　　No pase, por favor. 통과하지 마세요.

- 재귀대명사나 간접·직접목적대명사 등은 긍정명령의 경우 명령형 뒤에 한 단어처럼 붙여 쓰고, 부정명령의 경우 no와 동사 사이에 위치합니다. 마찬가지로 목적대명사를 붙여 씀으로써 강세의 위치가 바뀌어 버렸기 때문에 원래 강세자리에 악센트를 꼭 붙여주어야 합니다. p.19 강세 참조

Levántese. 일어나세요.　　No se levante. 일어나지 마세요.
Pásamelo. 나에게 그것을 전달해 줘.　　No me lo pases. 나에게 그것을 전달하지 마.

• **불규칙명령(긍정형/부정형)**

'불규칙형'으로 바뀌는 주요 동사들은 다음과 같습니다.

인칭대명사	tú	vosotros	usted	ustedes
decir 말하다	di	decid	diga	digan
	no digas	no digáis	no diga	no digan
ir 가다	ve(te)	id	vaya	vayan
	no vayas	no vayáis	no vaya	no vayan
venir 오다	ven	venid	venga	vengan
	no vengas	no vengáis	no venga	no vengan
salir 나가다	sal	salid	salga	salgan
	no salgas	no salgáis	no salga	no salgan
hacer 하다	haz	haced	haga	hagan
	no hagas	no hagáis	no haga	no hagan
tener 가지다	ten	tened	tenga	tengan
	no tengas	no tengáis	no tenga	no tengan
poner 놓다, 입다	pon	poned	ponga	pongan
	no pongas	no pongáis	no ponga	no pongan
dar 주다	da	dad	dé	den
	no des	no deis	no dé	no den
traer 가지고 오다	trae	traed	traiga	traigan
	no traigas	no traigáis	no traiga	no traigan
ser ~이다, ~이 되다	sé	sed	sea	sean
	no seas	no seáis	no sea	no sean

Ejercicios 학습한 내용을 바탕으로 다음 우리말을 스페인어로 말해 보세요.

1. 매일 아침 한 잔의 물을 마시세요. (ustedes에게) _____

2. 일주일에 세 번 운동을 해라. (tú에게) _____

3. 나에게 메뉴판을 가져다 주세요. (camarero에게) _____

정답 | 1. Tomen un vaso de agua todas las mañanas. 2. Haz ejercicio(s) tres veces a la semana. 3. Tráigame la carta (el menú) por favor.

회화 Conversación

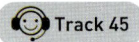

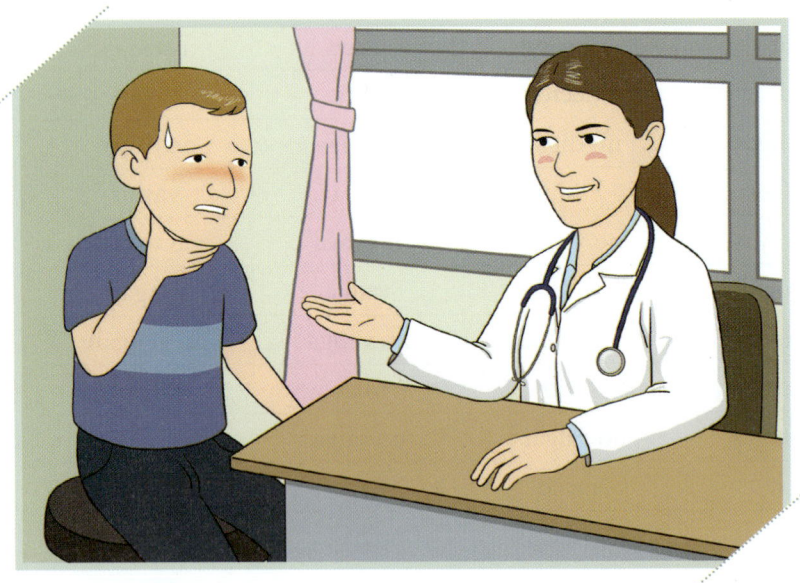

해석

의사: 들어오시고, 여기 앉으세요.
리까르도: 감사합니다.
의사: 오늘 상태가 어떤지 말씀해 보시겠어요?
리까르도: 컨디션이 굉장히 나빠요. 열도 좀 있고, 목이 너무 아파요.
의사: 기침이나 두통은 있나요?
리까르도: 네, 머리도 엄청 아프고 기침도 조금 하는 편이에요.
의사: 언제부터 그렇게 아팠나요?
리까르도: 3일 전부터 이런 증상을 보였어요.
의사: 감기에 걸리셨어요. 이 처방전을 가지고 약국으로 가세요. 그리고 자주 따뜻한 차를 드세요. 아시겠죠?
리까르도: 네, 선생님. 정말 감사합니다.

Doctora	Pase y siéntese aquí, por favor.
Ricardo	Gracias.
Doctora	Dígame, ¿cómo se encuentra hoy?
Ricardo	Me siento muy mal. Tengo un poco de fiebre y mucho dolor de garganta.
Doctora	¿Tiene tos y dolor de cabeza?
Ricardo	Sí, me duele mucho la cabeza y un poco de tos también.
Doctora	¿Desde cuándo está así?
Ricardo	Hace tres días que estoy así.
Doctora	Tiene una gripe. Le doy esta receta y vaya a la farmacia. Y tome té caliente con frecuencia. ¿Vale?
Ricardo	Sí, doctora. Muchas gracias.

 단어

encontrarse 컨디션이 ~하다
garganta f. 기관지, 목
tos f. 기침
receta f. 처방전, 레시피

 표현

con frecuencia 자주

추가 어휘 Vocabulario

병원

두통	(el) dolor de cabeza	치통	(el) dolor de muelas
요통	(el) dolor de espalda	복통	(el) dolor de estómago
생리통	(el) dolor de ovarios	재채기	(el) estornudo
몸살, 오한	(el) escalofrío	콧물	(los) mocos
알레르기	(la) alergía	설사	(la) diarrea
구토	(el) vómito	메스꺼움	(la) náusea
염증	(la) inflamación	소화불량	(la) indigestión
일사병	(la) insolación	멀미, 현기증	(el) mareo

약국

약	(el) medicamento, (la) medicina	시럽, 물약	(el) jarabe
알약	(la) pastilla	캡슐약	(la) tableta
아스피린	(la) aspirina	항생제	(el) antibiótico
소화제	(el) digestivo	지사제	(el) antidiarréico
비타민	(la) vitamina	연고	(la) pomada
붕대	(la) venda	반창고	(la) tirita, (la) cura

※ 병원, 약국에서 유용한 표현

1) Me duele + 단수명사 / Me duelen + 복수명사: ~가 아파요. p.119 신체 참조

   Me duele el estómago. 나는 배가 아파요.
   Me duelen el estómago y la cabeza. 나는 배와 머리가 아파요.

2) Tengo (mucho) dolor de ~: ~의 통증이 있어요.

   Tengo dolor de cabeza. 나는 두통이 있어요.
   Tengo dolor de espalda. 나는 요통이 있어요.

연습문제 Práctica

1 다음을 주어진 주어에 대한 명령문으로 바꿔 보세요.

| 보기 | (a un amigo) Hace mucho calor. (Abrir) Abre la ventana, por favor.

1) (a unos amigos) La paella está muy rica. (Comer) _____ más.

2) (a un amigo) (Hablar) _____ más bajo. El bebé está dormido.

3) (a unos señores mayores) (Pasar) _____ primero, por favor.

4) (a un paciente) (Caminar) _____ media hora al día.

5) (a unos niños) (Escribir) _____ una carta a vuestros padres.

단어 bebé *m.f.* 아기   mayor 어른의, 나이가 많은   primero 먼저   paciente *m.f.* 환자

2 주어진 동사를 사용하여 usted에게 하는 명령문으로 만들어 보세요.

| andar | beber | comer | descansar | hacer |

1) _____ algún ejercicio mínimo tres veces a la semana.

2) _____ después de las comidas.

3) _____ mucha fruta.

4) _____ mucha agua.

5) _____ dos kilómetros al día.

단어 andar 걷다   fruta *f.* 과일   a la semana 일주일에   al día 하루에

3 다음 빈칸에 알맞은 동사 형태를 넣어 명령문을 완성해 보세요.

1) (Tener) _____ cuidado, don Antonio. Este cruce es peligroso.

2) (No, salir) _____ ahora, niños. Está lloviendo muy fuerte.

3) (Decir) _____ ´Gracias´ al abuelo, Pedro.

4) (No, decir) _____ nada a Samuel.

5) (Hacer) _____ una copia de este documento, Sr. Santos.

6) (No, poner) _____ usted la radio, por favor. Me duele la cabeza.

7) (Venir) ¡Sara! _____ a mi fiesta. Lo vamos a pasar muy bien.

8) (Ser) _____ amables con Elena, niños. Ella os quiere mucho.

단어 cruce *m.* 횡단보도 peligroso/a 위험한 copia *f.* 복사, 카피 documento *m.* 서류

4 문제를 듣고 Liliana가 해야 할 일을 순서대로 나열해 보세요.  Track 46

ⓐ  ⓑ  ⓒ  ⓓ

단어 hacer los deberes 숙제하다

문화 Cultura

스페인, 중남미와 한국간의 관계

1950년 3월, 스페인과 우리나라는 외교관계 수립에 합의하였으며, 1970년 1월 주스페인 한국대사관이 개설되었습니다. 1972년 초 마드리드에 대한 무역진흥공사(KOTRA) 무역관이 개설되며 양국의 무역활동이 본격적으로 시작되었습니다.

2000년대 들어 스페인 정부는 아시아 태평양 외교 강화정책 (Plan Asia)의 일환으로 한국을 포함한 중국, 일본, 인도 등과의 실질적 협력관계 증진에 적극적인 관심을 기울이고 있으며, 한-EU FTA에 힘입어 양국의 교역도 활발하게 진행 중입니다.

우리나라에서 스페인으로 수출하는 품목은 자동차, 무선통신기기 비중이 가장 크고, 산업재 수출도 꾸준하며, 반대로 스페인으로부터 우리가 수입하는 주요 품목은 석유 화학제품 및 광물 등으로 알려져 있습니다.

거리가 멀어 먼 나라로 인식되었던 스페인이었지만, 정보공유의 기회가 많아짐으로써 스페인에 대한 인식이 확대되어 해마다 스페인으로 떠나는 관광객 수가 증가하고 있습니다.

중남미 20여개 국가들과도 수교를 이어가고 있습니다. 지난 2012년에는 한-중남미 수교 50주년의 해로 한-중남미 국가들 간의 외교관계를 더욱 돈독히 하는 각종 행사가 개최되기도 하였습니다. 칠레, 페루, 콜롬비아와는 FTA 협정 체결로까지 이어졌고, 이를 통해 우리 기업들의 중남미 시장 진출이 본격화되면서 교역이 더욱 활발해지고 있으며, FTA 비협정 국가들도 우리나라와의 FTA 체결에 많은 관심을 보이고 있습니다.
대 중남미 주요 수출 품목은 자동차, 자동차 부품 및 무선통신기기 등이며, 주요 수입 품목은 광물, 커피 등으로 나타났습니다.

El español 정답

Capítulo 1

1. 1) Soy 2) es
3) somos 4) Son/somos
5) sois/Somos 6) Eres/Soy
7) son/somos/Somos 8) es/es

2. 1) él 2) ellos
3) nosotros 4) ellas
5) él 6) ella
7) nosotras

3. 1) Me llamo Juan Pérez y soy peruano.
2) Se llama Sandra Moretto y es italiana.
3) Se llama Sebastián Silva y es brasileño.
4) Te llamas Lucía Montes y eres española.

4. 1) ⓐ 2) ⓑ

Capítulo 2

1. 1) Rosa y Andrés son enfermeros.
2) Carmen y yo somos de España.
3) Raúl es serio.
4) Luis y yo somos estudiantes.

2. 1) este bolso 2) aquellos libros
3) estas gafas 4) esas llaves
5) aquel balón 6) este paraguas

3. 1) La profesora de inglés es María. Es buena, alta y delgada.
2) Juan es de México. (Juan es mexicano.)
3) Ella es amable y un poco gorda. Es japonesa. (Es de Japón.)
4) El actor mexicano es Juan. Es sociable y guapo.

4. 1) ⓐ 2) ⓓ 3) ⓒ 4) ⓑ

Capítulo 3

1. 1) está/Estoy 2) Estás/estoy/estoy
3) estás 4) estáis/Estamos
5) está/Está

2. 1) Está aburrido. 2) Está feliz.
3) Está enojado. 4) Está triste.

3. 1) Es de España. (Es español.)
2) Es profesor de inglés.
3) Es simpático y sociable.
4) Está un poco cansado.
5) Porque está muy ocupado por el trabajo.

4. 1) Me llamo Marcela. (본인 이름)
2) Soy de Corea. (Soy coreano/a.) (본인 국적)
3) Soy profesora de español. (본인 직업)
4) Soy guapa y buena. (본인 외모 및 성격)
5) Mucho gusto. (Encantado/a.)

Capítulo 4

1. 1) estás 2) Estoy
3) estás 4) estoy

2. 1) X
2) El gato está lejos de la pizarra.
3) El gato está detrás de los libros.
4) El gato está cerca del mapa.
5) El gato está delante del reloj.
6) El gato está sobre la mochila.

3. 1) Hay/Está 2) Hay/está
3) hay 4) Hay

4. 1) V 2) F 3) F 4) F 5) V

5. 1) ⓓ 2) ⓒ 3) ⓑ 4) ⓐ

Capítulo 5

1. 1) Es el primero de mayo.
2) Es viernes.
3) Es el trece de mayo.
4) Es el veintiuno de mayo.
5) Es miércoles.

2. 1) mi 2) mis 3) tu
4) sus 5) Nuestros 6) tus
7) Nuestra 8) Sus

3. 1) mi 2) Mi 3) mi 4) Mis 5) Mi
6) su 7) Sus

4. 1) 2 2) 6 3) 10 4) 13 5) 17
6) 25 7) 38 8) 64 9) 79 10) 91

Capítulo 6

1. 1) Ella escribe una nota.
   2) Nosotros cantamos juntos.
   3) Yo hago ejercicio.
   4) Tú montas en bicicleta.
2. 1) Yo aprendo el español.
   2) Nosotros escribimos una carta.
   3) Él vive en la ciudad.
   4) Ellas beben la limonada.
   5) Tú lees el periódico.
3. 1) Mis camisas están sucias, pero las tuyas están limpias.
   2) Nuestro coche es coreano pero el suyo es alemán.
   3) Mi maleta es pequeña, pero la tuya es grande.
   4) Tu libro es interesante, pero el mío es aburrido.
   5) Mi falda es roja y la tuya es amarilla.
4. 1) ⓐ Arturo ⓑ fábrica
   2) ⓒ Lima   ⓓ tienda
   3) ⓔ hospital

Capítulo 7

1. 1) Quiere beber una cerveza.
   2) Quiere comer una comida italiana.
   3) Quieren pedir la cuenta.
   4) Quieren comer la sopa de brocolí.
   5) Quiere pedir una hamburguesa con patatas fritas.
   6) Quiero tomar un helado de chocolate.
2. 1) quiere   2) riego   3) empieza
   4) juegan/pierden   5) pienso
3. 1) tienen sed   2) tiene frío
   3) tenemos sueño   4) tengo hambre
4. 1) ⓑ   2) ⓓ

Capítulo 8

1. 1) empieza
   2) cierran
   3) No puedo
   4) duermes/Duermo
   5) quieres/Quiero
   6) vuelves/vuelvo
2. 1) Puedo   2) Podemos   3) Puedes
   4) Conoces   5) sé/conozco   6) conozco
3. 1) En Perú hace (mucho) calor.
   2) En Bolivia llueve.
   3) En México hace buen tiempo.
   4) En Colombia hace (mucho) sol.
4. ⓑ

Capítulo 9

1. 1) vamos   2) va   3) vienes
   4) salimos   5) vuelvo   6) vienen
2. 1) Nosotros vamos a cenar en un restaurante.
   2) ¿Cuándo vas a volver (tú) a casa?
   3) ¿Vais a ir (vosotros) al cine?
   4) Mañana ellas no van a trabajar.
   5) El próximo fin de semana yo voy a ir al parque.
   6) ¿Cuándo vais a ir Claudia y tú al gimnasio?
3. 1) Voy a la clase de español por la mañana.
   2) Vamos a la cafetería después de cenar.
   3) Va a la oficina después de desayunar.
   4) Voy a cenar con mis compañeros.
   5) Vamos a ir al cine.
   6) Voy a viajar a España.
4. 1) Va a hacer una excursión con sus compañeros del trabajo.
   2) Va a ir a una montaña que está lejos de la ciudad.
   3) Va a estar allí por dos días.

Capítulo 10

1. 1) Sí, los llevo.   2) Sí, lo como.
   3) Sí, las compro.   4) Sí, lo pido.
   5) Sí, lo tomo.   6) Sí, los espero.
2. 1) Roberto lo lava.   2) Juana los busca.
   3) Tú las tienes.   4) Yo se la regalo.
   5) Yo le llamo más tarde.
   6) Ella la cierra.
3. 1) Son las ocho y cuarto.
   2) Son las cinco en punto.
   3) Son las once y diez.
   4) Son las dos y veinte.
   5) Son las siete menos cuarto.
   6) Son las once menos diez.
4. 1) Hoy es el catorce de marzo.
   2) Es el quince de abril.
   3) Su papá se la regala.
   4) Está muy feliz.

Capítulo 11

1. 1) me levanto   2) levantarnos
   3) se acuesta   4) me lavo
   5) se casan   6) se afeita
   7) nos ponemos   8) se seca
2. 1) lava/se lava
   2) despierta/se despierta
   3) Te bañas/Bañas
   4) se llama/llama
3. 1) 3   2) 2   3) 4   4) 5   5) 6   6) 8
   7) 7   8) 9
4. 1) Se levanta a las seis de la mañana.
   2) Se afeita y se peina.
   3) Se lava las manos.
   4) Se acuesta a las diez.

Capítulo 12

1. 1) Hace una semana que no voy a la escuela.
   2) Hace tres días que no bebo.
   3) Hace un año que no viajo fuera del país.
   4) Hace un mes que no llueve en este país.
   5) Hace siete años que vivo en este barrio.
   6) Hace media hora que espero el autobús.
2. 1) tenemos que   2) tienes que
   3) tiene que   4) tiene que
   5) tengo que   6) tienen que
   7) tenemos que   8) tengo que
3. 1) debe   2) debe   3) debemos
   4) debe   5) deben   6) debo
   7) debes   8) debéis
4. 1) Hace seis meses que vive en España.
   2) Es estudiante.
   3) Sale con sus amigos españoles.
   4) Tenemos que hablar siempre en español.

Capítulo 13

1. 1) os gusta   2) nos gusta
   3) les gusta   4) me gustan
   5) te gusta   6) le gusta
   7) nos gusta   8) me gusta
2. 1) Me gustan la paella y el pollo frito.
   2) Me gusta jugar al fútbol.
   3) Le gusta tomar café con leche.
   4) Nos gustan los refrescos y los zumos.
   5) Me gusta leer periódicos y revistas.
3. 1) te duele   2) Me duelen
   3) le encanta   4) nos gusta
   5) me queda   6) Te molesta
   7) Os encanta   8) le interesa
4. 1) Le gusta jugar al golf.
   2) Porque le duelen las piernas.
   3) Le gusta ir al cine o ver obras de teatro.
   4) No le gustan las películas de horror.

Capítulo 14

1. 1) estoy celebrando
    2) está comiendo
    3) están diciendo
    4) está haciendo
    5) está sacando
2. 1) está escuchando música
    2) está leyendo un libro
    3) están tomando helado
    4) está estudiando español
    5) está durmiendo en el sofá
    6) están paseando por el parque
3. 1) el sexto   2) el primer
    3) el tercer   4) el cuarto
    5) el segundo
4. 1) cafetería / Están comiendo unos helados.
    2) centro comercial / Están comprando unos zapatos.
    3) biblioteca / Estoy estudiando para el examen de español.

Capítulo 15

1. 1) vendrá   2) lloverá   3) harás
    4) viajaré   5) será   6) saldrá
    7) será   8) dirán   9) sabréis
    10) leerán
2. 1) Rosa tendrá una buena profesión.
    2) Julio podrá escoger su universidad.
    3) Carlos dirá su verdadera profesión.
    4) Lucía y yo sabremos nuestra nota final.
    5) Ricardo hará muchas preguntas.
3. 1) Ana es más alta que Sandra. / Sandra es más baja que Ana.
    2) Bella es mayor que Rosa. / Rosa es menor que Bella.
    3) La manzana es más barata que la naranja. / La naranja es más cara que la manzana.
    4) Ricardo tiene menos libros que Clara. / Clara tiene más libros que Ricardo.
4. 1) ⓒ   2) ⓐ   3) ⓑ   4) ⓓ

Capítulo 16

1. 1) ha cenado   2) ha comprado
    3) se ha levantado   4) ha enviado
    5) ha hablado   6) ha hecho
2. 1) ha llegado   2) Has perdido
    3) han enviado   4) ha dado
    5) hemos hecho   6) se ha retrasado
3. 1) Rosa acaba de salir a Madrid.
    2) Ustedes acaban de comer en un restaurante chino.
    3) Yo acabo de hablar por teléfono con mi mamá.
    4) Nosotros acabamos de beber unas copas de tequila.
4. 1) he salido
    2) has cenado, He comido
    3) Has visto, Ha sido
    4) Han llegado, han llamado

Capítulo 17

1. 1) compraron   2) regaló
    3) llegamos   4) visitaste
    5) enviaron   6) escogiste
    7) tomé   8) desayunaste
2. 1) vimos, fuimos, hicisteis
    2) hicimos, anduve, fuimos
    3) vino, tuvo
    4) pudo, di
3. 1) Juan es tan alto como Carlos.
    2) Este bolso es tan caro como este reloj.
    3) Manuel bebe tanto como Rául.
    4) Luis es tan inteligente como Miguel.
    5) Yo tengo tantos hermanos como Lisa.
4. 1) Desayunó con su amiga Susana en un restaurante.

2) Paseó por la feria del centro.
3) Compró unos pendientes.
4) (Los compró) Susana.
5) Vieron una película en el cine.

Capítulo 18

1. 1) A Rosa le gustaba la lluvia.
   2) Carlos iba al zoológico.
   3) Lucía montaba en bicicleta.
   4) Raúl y Carlos estudiaban juntos.
2. 1) Mi familia y yo íbamos de excursión.
   2) Yo coleccionaba sellos.
   3) Mis vecinos tenían un perro en casa.
3. 1) ¡Cuánto dinero gana Roberto!
   2) ¡Qué suerte tengo! (¡Cuánta suerte tengo!)
   3) ¡Qué guapa es Daniela!
   4) ¡Qué mal conduce Alberto!
   5) ¡Qué bien habla español Gloria! (¡Cómo habla español Gloria!)
   6) ¡Qué cansados estamos!
4. 1) ⓕ 2) ⓐ 3) ⓔ 4) ⓓ 5) ⓒ 6) ⓑ

Capítulo 19

1. 1) Cuando llegamos a la estación, se había ido el tren.
   2) Cuando Carolina quiso comprar comida, había cerrado el supermercado.
   3) Cuando él llegó a casa, habíamos cenado.
   4) Cuando salí de la oficina, había parado de llover.
2. 1) no se había levantado
   2) había hecho la cama
   3) no se había duchado
   4) habían desayunado
3. 1) Juan no pudo comprar nada porque no había traido su tarjeta de crédito.
   2) No pudimos comer en casa porque Raúl no había comprado la comida.

3) Mi madre tuvo que volver a casa porque se había dejado la estufa encendida.
4) No pude entrar en casa porque me había dejado las llaves dentro.
5) Cristina aprobó todo porque había estudiado mucho.

4. 1) ⓐ 2) ⓒ 3) ⓑ 4) ⓓ

Capítulo 20

1. 1) Comed   2) Habla
   3) Pasen   4) Camine
   5) Escribid
2. 1) Haga   2) Descanse
   3) Coma   4) Beba
   5) Ande
3. 1) Tenga   2) No salgáis
   3) Di   4) No digas
   5) Haga   6) No ponga
   7) Ven   8) Sed
4. ⓑ → ⓒ → ⓐ → ⓓ

El español 듣기

Capítulo 1

1. ¿Cómo te llamas?
2. ¿De dónde eres tú?

해석 |
1. 너는 이름이 뭐니?   2. 너는 어디 출신이니?

Capítulo 2

1. Jorge es de América. Él es policía. Es muy alto y delgado.
2. Antonio es un cantante mexicano. Es un poco gordo.
3. Mi amiga se llama Clara. Es profesora de español. Es muy inteligente.
4. María es simpática. Ella es muy baja. Es enfermera.

해석 |
1. 호르헤는 미국 출신입니다. 그는 경찰입니다. 매우 키가 크고 날씬합니다.
2. 안또니오는 멕시코 가수 입니다. 그는 조금 뚱뚱합니다.
3. 내 친구는 끌라라고 합니다. 스페인어 교사입니다. 매우 똑똑합니다.
4. 마리아는 친절합니다. 그녀는 매우 키가 작습니다. 그녀는 간호사입니다.

Capítulo 3

1. ¿Cómo te llamas?
2. ¿De dónde eres?
3. ¿Qué eres tú?
4. ¿Cómo eres tú?
5. Mucho gusto.

해석 |
1. 너는 이름이 뭐니?
2. 너는 어디 출신이니?
3. 너는 직업이 뭐니?
4. 너는 어떤 사람이니? (외모 혹은 성격)
5. 만나서 반가워.

Capítulo 4

1. Rosa y Juan están en un restaurante.
2. Julia está en un hospital.
3. Hay muchas cosas en la oficina.
4. Hay un hombre en el gimnasio.

해석 |
1. 로사와 후안은 식당에 있습니다.
2. 훌리아는 병원에 있습니다.
3. 사무실에 많은 것들이 있습니다.
4. 헬스장에 남자가 한 명 있습니다.

Capítulo 5

1. dos   2. seis
3. diez   4. trece
5. diecisiete   6. veinticinco
7. treinta y ocho   8. sesenta y cuatro
9. setenta y nueve 10. noventa y uno

해석 | 정답참조

Capítulo 6

1. Yo soy Arturo. Vivo en Madrid y trabajo en una fábrica.
2. Yo soy Pilar. José y yo vivimos en Lima. Él trabaja en una tienda y yo trabajo en una guardería.
3. Me llamo María. Ana y yo vivimos en Buenos Aires. Ella es estudiante y yo trabajo en un hospital.

해석 |
1. 나는 아르뚜로입니다. 나는 마드리드에 살고, 공장에서 일합니다.
2. 나는 뻴라르입니다. 호세와 나는 리마에 삽니다. 그는 가게에서 일하고 나는 어린이집에서 일합니다.
3. 내 이름은 마리아입니다. 아나와 나는 부에노스아이레스에서 삽니다. 그녀는 학생이고 나는 병원에서 근무합니다.

Capítulo 7

Hola! Soy María. Quiero ver una película contigo esta tarde.
Y después cenamos en un restaurante italiano. ¿Vale?
Cuando escuches este mensaje, llámame por favor.

해석 |
안녕! 나 마리아야. 오늘 오후에 너와 함께 영화를 보고 싶어. 그리고 나서 이탈리안 식당에 가서 저녁 먹자. 어때? 이 메시지 들으면, 나한테 전화해 줘.

Capítulo 8

¿Dónde puedo comprar agua?

해석 |
제가 어디에서 물을 살 수 있을까요?

Capítulo 9

Me llamo Julio. Este fin de semana voy a hacer una excursión con mis compañeros del trabajo. Vamos a ir a una montaña que esta lejos de la ciudad. Vamos a acampar allí por dos días. Vamos a pasar un buen tiempo juntos.

해석 |
제 이름은 훌리오입니다. 이번 주말에 저는 직장 동료들과 함께 야유회에 갈 예정입니다. 우리들은 도시에서 멀리 떨어져 있는 어떤 산으로 갈 예정입니다. 그곳에서 이틀간 캠핑을 할 것입니다. 함께 좋은 시간을 보낼 것입니다.

Capítulo 10

Soy Carmen. Hoy es el catorce de marzo. Mañana es mi cumpleaños. Por eso mi papá me regala una bicicleta. Estoy muy feliz.

해석 |
저는 까르멘이에요. 오늘은 3월 14일입니다. 내일은 제 생일이에요. 그래서 아빠가 저에게 자전거를 선물했어요. 저는 너무 행복합니다.

Capítulo 11

Hola. Mi nombre es Luis. Soy oficinista. Estos días estoy muy ocupado porque tengo mucho trabajo. Por lo tanto me levanto de lunes a viernes a las seis de la mañana. Después de levantarme, me ducho, me afeito y me peino. Salgo de la casa a las siete de la mañana y vuelvo a las seis de la tarde.
Cuando llego a la casa, primero me lavo las manos. Normalmente me acuesto a las once de la noche pero los fines de semana me acuesto más temprano como a las diez.

해석 |
안녕. 내 이름은 루이스야. 나는 회사원이야. 요즘 많은 일 때문에 너무 바빠. 그래서 월요일부터 금요일까지는 오전 6시에 기상을 해. 기상한 후에 나는 샤워를 하고, 면도를 하고 머리를 빗어. 오전 7시에 집에서 나오고 오후 6시에 집에 돌아와. 집에 도착하면 먼저 손부터 씻어. 보통은 밤 11시에 잠자리에 들지만 주말에는 더 일찍 잠자리에 드는 편이야. 한 10시쯤.

Capítulo 12

Soy Ana. Hace seis meses que yo vivo en España. Ahora hago un curso de español en la universidad. Después de la clase siempre salgo con mis amigos españoles. Yo pienso que tengo que hablar siempre en español para mejorarlo.

해석 |

저는 아나입니다. 저는 6개월 전부터 스페인에 살고 있습니다. 지금은 대학에서 스페인어 코스를 밟고 있습니다. 수업이 끝나면 저는 항상 스페인 친구들과 외출을 합니다. 스페인어 실력을 향상시키기 위해서 항상 스페인어로 말해야 한다고 생각하기 때문입니다.

Capítulo 13

Hombre: En mi tiempo libre, me gusta jugar al golf. Pero estos días no puedo hacerlo porque me duelen las piernas. ¿Y a ti qué te gusta hacer en tu tiempo libre?
Mujer: En mi caso, me gusta ir al cine y al teatro. Me gustan todo tipo de películas excepto las de horror.

해석 |

남성: 여가시간에 나는 골프 치는 것을 좋아해. 하지만 요즘은 골프를 치지 못해. 왜냐하면 다리가 아프기 때문이야. 너는 여가시간에 뭐 하는 것을 좋아하니?
여성: 나는 극장에 가거나 공연 보는 것을 좋아해. 모든 영화를 다 좋아하지만 공포영화는 좋아하지 않아.

Capítulo 14

1. Hoy hace calor y ahora Ana y sus amigos están comiendo unos helados en la cafetería.
2. Hay un evento importante mañana en la empresa, Pepe y su mujer están comprando unos zapatos nuevos en el centro comercial.
3. La próxima semana hay muchos exámenes, ahora estoy en la biblioteca y estoy estudiando para el examen de español.

해석 |

1. 오늘은 날이 덥습니다. 지금 아나와 그녀의 친구들은 커피숍에서 아이스크림을 먹고 있습니다.
2. 회사에서 내일 중요한 행사가 있습니다. 뻬뻬와 그의 부인은 쇼핑몰에서 새로운 구두를 사고 있는 중입니다.
3. 다음 주는 시험이 많습니다. 지금 저는 도서관에 있고 스페인어 시험 공부를 하고 있는 중입니다.

Capítulo 15

1. ¡Hola! Soy Lucía. Con mi profesión viajaré a muchos países y ayudaré a las personas en el avión.
2. Soy Sofía. Con mi profesión, cuidaré a los enfermos y ayudaré a los doctores.
3. Me llamo José. Con mi profesión, construiré edificios grandes y casas preciosas en mi país.
4. Mi nombre es Julio. Con mi profesión, haré las pinturas más famosas de la historia y mucha gente vendrá a verlas.

해석 |
1. 안녕! 나는 루시아야. 내가 그 직업을 가진다면, 많은 나라들을 여행할 것이고, 기내에 있는 사람들을 도와줄 거야.
2. 나는 소피아야. 내가 그 직업을 가진다면, 환우들을 돌볼 거고, 의사들도 도울 거야.
3. 내 이름은 호세야. 내가 그 직업을 가진다면, 대형 건물들을 지을 거고, 우리 나라에서 가장 아름다운 집들도 지을 거야.
4. 내 이름은 훌리오야. 나는 역사상 가장 유명한 그림을 그릴 거야. 그래서 많은 사람들이 그 그림을 보러 오게 할 거야.

Capítulo 16

1. A: ¿Dónde estás ahora?
   B: Disculpa, he salido afuera para comprar unos recuerdos.
2. A: ¿Qué has cenado hoy?
   B: He comido pollo y patatas fritas.
3. A: ¿Has visto la última película de Mario Casas?
   B: ¡Claro! Ha sido muy interesante.
4. A: ¿Han llegado María y Paco de viaje?
   B: No sé, no me han llamado todavía.

해석 |
1. A: 너 지금 어디야?
   B: 미안해, 기념품 사러 잠깐 밖에 나왔어.
2. A: 오늘 저녁 뭐 먹었어?
   B: 치킨이랑 감자튀김 먹었어.
3. A: 마리오 카사스 영화 봤어?
   B: 물론이지! 매우 재미있었어.
4. A: 마리아랑 빠꼬 여행 갔다 왔어?
   B: 몰라, 아직 나한테 전화하지 않았어.

Capítulo 17

Yo soy Ana. Ayer por la mañana desayuné en un restaurante con mi amiga Susana. Luego paseamos por la feria del Centro. Allí yo compré unos pendientes y Susana compró unos llaveros para su familia. Y luego por la tarde vimos una película en el cine.

해석 |
저는 아나입니다. 어제 오전에 저는 제 친구 수사나와 어떤 식당에서 아침식사를 했습니다. 그리고 우리는 다운타운의 시장을 산책했습니다. 그 곳에서 저는 귀걸이를 샀고, 수사나는 그녀의 가족을 위해 열쇠고리 몇 개를 샀습니다. 그리고 나서 오후에는 영화관에서 영화를 봤습니다.

Capítulo 18

1. Cuando era niña yo tocaba mucho el piano.
2. De niño jugaba con los bloques.
3. Roberto y Juan siempre jugaban a los videojuegos después de las clases.
4. Cuando tenía 15 años, Juan y yo jugábamos al ajedrez juntos.
5. De pequeño mis hermanos veían mucho la televisión.
6. Ana de niña saltaba a la cuerda.

해석 |
1. 어렸을 때, 나는 피아노를 많이 연주하곤 했다.
2. 어렸을 때, 나는 블록을 가지고 놀았다.
3. 로베르또와 후안은 항상 수업이 끝난 후 비디오 게임을 했다.
4. 내가 15살 때, 후안과 나는 함께 체스 게임을 하곤했다.
5. 어렸을 때, 나의 형제들은 TV를 많이 보곤했다.
6. 아나가 어렸을 때, 그녀는 줄넘기를 했다.

Capítulo 19

1. Cuando Juan llegó al aeropuerto, ya había despegado el avión.

2. Cuando llegó la policía, los ladrones ya habían huido.
3. Cuando Carlos y María fueron al restaurante, ya había cerrado.
4. Cuando llegamos al teatro, ya se habían agotado las entradas.

해석 |
1. 후안이 공항에 도착했을 때, 이미 비행기는 이륙했다.
2. 경찰이 도착했을 때, 이미 도둑들은 달아났다.
3. 까를로스와 마리아가 식당에 갔을 때, 이미 영업이 끝났다.
4. 우리가 극장에 도착했을 때, 이미 입장권은 매진되었다.

Capítulo 20

¡Liliana! Soy tu mamá. Hoy estoy muy ocupada por eso te encargo unas cosas que hacer. Primero limpia el salón, está muy sucio. Luego dale comida al perrito. Y por la tarde vete al mercado a comprar unas frutas. Yo llegaré a casa un poco tarde. Entonces haz los deberes sola, ¿vale? Nos hablamos.

해석 |
릴리아나! 나 엄마야. 오늘 내가 좀 바빠서 너에게 몇 가지 할 일을 좀 부탁하려고 해. 먼저 거실 청소 좀 해. 거실이 너무 지저분하다. 그리고 나서 강아지 먹이 좀 주고, 오후에 시장에 가서 과일 좀 사가지고 와. 나는 오후 좀 늦게 집에 도착할 예정이야. 그러니까 혼자 숙제도 하고 그리고 나서 쉬어, 알겠니? 우리 통화하도록 하자.